Secretos bancarios

¿Cómo controlan los bancos nuestra vida financiera?

Contenido

Historia y evolución de los bancos

Los primeros bancos

Los primeros bancos datan de varios milenios antes de
nuestra era, en las civilizaciones de Mesopotamia, Egipto
y la antigua Grecia. Sin embargo, estos bancos eran muy
diferentes a los que conocemos hoy en día.

Los bancos en la antigüedad tenían funciones similares a los
bancos modernos, como la gestión de depósitos, préstamos y
operaciones de cambio. Sin embargo, su actividad se basaba
en el intercambio de bienes y metales preciosos en lugar
de la moneda. Además, los bancos pertenecían a menudo a
ricos comerciantes o templos religiosos.

En la Edad Media, los banqueros italianos establecieron
los primeros bancos modernos. Los comerciantes italianos
comenzaron a utilizar cartas de crédito para facilitar el
comercio entre las distintas regiones de Europa. Estas cartas
de crédito permitían a los comerciantes transferir fondos de
una cuenta a otra sin tener que transportar monedas.

En los siglos siguientes, los bancos evolucionaron para
convertirse en instituciones más formales y reguladas.
Se crearon bancos centrales para ayudar a estabilizar las
economías nacionales, mientras que los bancos comerciales
comenzaron a ofrecer una gama más amplia de servicios
financieros, como préstamos hipotecarios y tarjetas de
crédito.

Las grandes crisis bancarias también han tenido un impacto significativo en la historia de los bancos. La crisis financiera de 1929 en Estados Unidos resultó en la quiebra de muchos bancos y llevó a la creación de la Corporación Federal de Seguro de Depósitos (FDIC), un sistema de garantía de depósitos que asegura los depósitos bancarios hasta cierto límite. En 2008, la crisis financiera mundial puso de manifiesto los riesgos significativos asociados a la actividad bancaria, como los préstamos de alto riesgo y los productos derivados complejos.

El nacimiento de los bancos modernos

El nacimiento de los bancos modernos es un momento clave en la historia económica y financiera. Ocurrió a finales de la Edad Media, cuando comenzaron a desarrollarse los primeros intercambios comerciales internacionales. En aquel entonces, los comerciantes necesitaban financiar sus operaciones comerciales, pero no podían hacerlo utilizando su propio capital. Así fue como surgieron los primeros bancos.

Estos bancos eran a menudo empresas familiares dirigidas por comerciantes ricos e influyentes. Comenzaron a ofrecer servicios financieros como gestión de depósitos, transferencias de dinero y préstamos comerciales. Los bancos modernos también empezaron a emitir billetes bancarios, que a menudo eran intercambiables por oro o plata.

Los bancos modernos tuvieron un rápido crecimiento a partir

del siglo XVIII, con el surgimiento de la Revolución Industrial y la economía de mercado. Los bancos se diversificaron rápidamente, ofreciendo servicios como gestión patrimonial, préstamos hipotecarios y seguros.

Una de las evoluciones más destacadas en el sector bancario moderno fue la creación de los bancos centrales. Estas instituciones se crearon para regular la oferta de dinero en la economía y prevenir crisis financieras. Los primeros bancos centrales se establecieron en Europa en el siglo XVII, pero experimentaron una expansión considerable en el siglo XX con la creación de la Reserva Federal en Estados Unidos y el Banco Central Europeo.

La llegada de la informática y las tecnologías digitales también ha transformado el sector bancario moderno. Los bancos comenzaron a ofrecer servicios en línea y a utilizar tecnologías como la blockchain para mejorar la seguridad y rapidez de las transacciones. También han tenido que adaptarse a nuevas regulaciones relacionadas con la ciberseguridad y la protección de datos personales.

Las grandes crisis bancarias y financieras

Las grandes crisis bancarias y financieras han dejado huella en la historia de la economía mundial y han afectado profundamente los sistemas financieros de los países. También han tenido repercusiones en la vida diaria de los ciudadanos comunes. La más famosa de todas es la crisis de 1929, que provocó la Gran Depresión y tuvo un impacto global.

La crisis de 1929 fue causada por una burbuja especulativa en los mercados bursátiles y una sobreproducción en la industria. Cuando la burbuja estalló, muchos inversores perdieron todo su dinero y las empresas tuvieron que despedir a trabajadores masivamente. Esto condujo a una reducción en la demanda de bienes y servicios, lo cual resultó en una recesión económica mundial.

Más recientemente, la crisis financiera mundial de 2008 fue causada por una burbuja inmobiliaria en Estados Unidos, donde los bancos otorgaban préstamos hipotecarios a personas que no podían permitirse pagarlos. Estos préstamos fueron agrupados en productos financieros complejos llamados «subprimes» y se vendieron en los mercados financieros de todo el mundo. Cuando la burbuja inmobiliaria estalló y los préstamos comenzaron a fallar, los bancos sufrieron grandes pérdidas, lo que generó una crisis de confianza en el sistema financiero global.

Estas crisis han puesto de manifiesto la importancia de una regulación y supervisión efectivas del sector bancario. Desde la crisis de 2008, se han llevado a cabo numerosas reformas para fortalecer la regulación y supervisión bancaria. Las regulaciones prudenciales, como los acuerdos de Basilea, se han fortalecido para mejorar la solvencia y liquidez de los bancos. También se han establecido sistemas de garantía de depósitos y resolución de crisis para proteger a los clientes y a los contribuyentes.

Es importante destacar que las crisis financieras no son inevitables y que la estabilidad financiera puede mantenerse a través de una regulación y supervisión adecuadas. Los bancos tienen un papel fundamental en la economía al financiar empresas y hogares, crear dinero y ofrecer servicios financieros esenciales. Por lo tanto, es crucial mantener un sistema bancario sólido y estable para asegurar un crecimiento económico sostenible y prosperidad para todos.

Papel y funciones de los bancos en la economía

Interconexión con el sistema económico global

Los bancos son actores clave en el sistema económico mundial. Interactúan con empresas, particulares y gobiernos para proporcionar servicios financieros fundamentales como financiación de la economía, gestión de la moneda y protección contra los riesgos financieros. Su papel en el sistema económico es crucial ya que son responsables de la creación y circulación de la moneda, que es la base de todas las transacciones económicas.

Los bancos interactúan con la economía global de diferentes maneras. En primer lugar, ofrecen servicios financieros a empresas y particulares que operan en economías locales, regionales y mundiales. Los bancos comerciales ofrecen préstamos y créditos para ayudar a las empresas a iniciar y desarrollar su actividad, mientras que los bancos de inversión proporcionan servicios de asesoramiento y financiación a grandes empresas que buscan expandirse a nivel global.

Los bancos también interactúan con los gobiernos al adquirir bonos del Estado y participar en programas de financiación que ayudan a los gobiernos a financiar proyectos de infraestructura y respaldar la economía. Los bancos centrales juegan un papel especialmente importante en la interconexión con el sistema económico global, ya que son responsables de la política monetaria y la estabilidad financiera. Intervienen en los mercados para regular la

inflación y el crecimiento económico, así como para mantener
la estabilidad financiera durante períodos de crisis.

Los bancos también interactúan con los mercados financieros
globales. Los bancos de inversión son actores importantes en
los mercados financieros, donde compran y venden acciones,
bonos y productos derivados. Los bancos comerciales utilizan
los mercados financieros para financiarse y gestionar los
riesgos asociados a sus actividades. Además, los bancos
centrales también interactúan con los mercados financieros
al comprar y vender activos para regular la inflación y el
crecimiento económico.

Por último, los bancos interactúan con otros actores del
sistema económico global, como las instituciones financieras
internacionales, los organismos reguladores y los organismos
de supervisión. Los bancos de desarrollo, por ejemplo,
trabajan con instituciones financieras internacionales
para proporcionar financiamiento a largo plazo a países
en desarrollo. Los organismos reguladores y supervisores
colaboran con los bancos para garantizar la transparencia,
la gobernanza y la seguridad financiera en el sistema
económico global.

Creación y gestión de la moneda

La creación y gestión de la moneda están en el centro de
la operación de los bancos. Los bancos crean moneda
otorgando préstamos a particulares y empresas, mientras
mantienen un estricto control de su balance. Esta creación
de moneda es un proceso complejo que involucra a varios

actores, incluyendo bancos centrales, reguladores y gobiernos.

Los bancos comerciales son los principales actores en la creación de dinero. Crean moneda cada vez que otorgan un préstamo, registrando el monto correspondiente en la cuenta del cliente. En efecto, cuando un banco otorga un préstamo, no necesita tener los fondos correspondientes en su posesión. En lugar de eso, puede crear moneda simplemente registrando el monto correspondiente en la cuenta del cliente. Esto se conoce como creación de dinero escritural.

Esta creación de moneda tiene un impacto importante en la economía, ya que permite financiar inversiones y proyectos que estimulan el crecimiento económico. Sin embargo, también puede tener consecuencias negativas, especialmente durante crisis económicas o financieras. Por lo tanto, los bancos deben ser prudentes en la gestión de la moneda, asegurándose de mantener un equilibrio entre el riesgo y la rentabilidad.

Los bancos centrales desempeñan un papel crucial en la gestión de la moneda. Son responsables de regular la cantidad de moneda en circulación en la economía, estableciendo tasas de interés y llevando a cabo operaciones en los mercados financieros. También tienen la responsabilidad de mantener la estabilidad financiera y proteger a los consumidores.

Los reguladores también desempeñan un papel importante en la gestión de la moneda. Velan por que los bancos cumplan con normas de transparencia, gobernanza y seguridad, imponiendo requisitos de capital y supervisando los riesgos crediticios, de mercado y operativos.

Por último, los gobiernos desempeñan un papel clave en la gestión de la moneda, especialmente al establecer políticas económicas que buscan estimular el crecimiento, reducir la inflación y proteger a los consumidores.

Financiamiento de la economía

El financiamiento de la economía es una de las principales misiones de los bancos. Los bancos ofrecen préstamos y créditos para ayudar a las empresas, particulares y gobiernos a invertir en proyectos y desarrollar sus actividades. Los bancos actúan como intermediarios entre los ahorradores y los prestatarios, recolectando depósitos y utilizándolos para financiar proyectos rentables.

Los bancos comerciales son las principales fuentes de financiamiento para las empresas. Otorgan créditos a corto plazo para satisfacer las necesidades diarias de tesorería, así como créditos a medio y largo plazo para financiar proyectos de inversión. Los bancos de desarrollo también son importantes para financiar proyectos a largo plazo, como infraestructuras públicas y proyectos sociales.

Los bancos centrales también desempeñan un papel crucial en el financiamiento de la economía al establecer tasas de interés y aplicar políticas monetarias para regular la actividad económica. Además, en caso de crisis financiera, los bancos centrales pueden proporcionar préstamos de emergencia a los bancos comerciales.

Los bancos de inversión proporcionan financiamiento a grandes empresas y gobiernos emitiendo bonos y acciones en los mercados financieros. También ofrecen asesoramiento en fusiones y adquisiciones, así como en reestructuración empresarial.

Los bancos cooperativos son instituciones financieras que pertenecen y son administradas por sus miembros. Ofrecen servicios bancarios y créditos a tasas de interés favorables para apoyar a pequeñas empresas y agricultores.

Los bancos en línea y las neobancos son actores recientes en el mercado del financiamiento de la economía. Ofrecen servicios bancarios a bajo costo y facilitan el acceso al financiamiento para particulares y pequeñas empresas.

El financiamiento de la economía es fundamental para estimular el crecimiento económico y la innovación. Los bancos desempeñan un papel crucial al proporcionar fondos para proyectos de inversión. Sin embargo, los bancos deben gestionar los riesgos crediticios y de mercado para garantizar la estabilidad financiera. Los reguladores financieros se aseguran de que los bancos cumplan con normas de transparencia y gobernanza para proteger a los depositantes e inversores.

Los diferentes tipos de bancos

Bancos comerciales

Los bancos comerciales son instituciones financieras que ofrecen servicios bancarios básicos a individuos y empresas. Están regulados por estrictas normativas para garantizar la seguridad de los depósitos y la estabilidad del sistema financiero.

Los bancos comerciales desempeñan un papel crucial en la economía al movilizar los depósitos para financiar préstamos a prestatarios, ya sean individuos o empresas. De hecho, estos bancos recopilan los depósitos de los clientes y luego los utilizan para otorgar préstamos y generar intereses.

Los servicios bancarios que ofrecen los bancos comerciales incluyen cuentas corrientes y de ahorro, préstamos y créditos, tarjetas de crédito, servicios de pago y moneda electrónica. Los clientes pueden acceder a estos servicios a través de diferentes canales de distribución, como cajeros automáticos, sucursales físicas y plataformas en línea.

Además, los bancos comerciales tienen la responsabilidad de gestionar los riesgos asociados a sus actividades. Esto incluye el riesgo crediticio, que es el riesgo de que los prestatarios no reembolsen sus deudas, así como el riesgo de mercado, el riesgo operativo, el riesgo de liquidez, el riesgo de tasa de interés y el riesgo de cambio.

Los bancos comerciales están regulados y supervisados por

autoridades reguladoras nacionales e internacionales, que aseguran que estas instituciones cumplan con estándares de transparencia y gobernanza. Se crearon organismos de regulación prudencial como Basilea I, II y III para fortalecer la solidez financiera de los bancos y minimizar los riesgos sistémicos.

Los bancos comerciales a menudo son criticados por su falta de transparencia y su limitada responsabilidad social. Sin embargo, algunos bancos han adoptado prácticas de finanzas responsables e inversión socialmente responsable (ISR) para abordar las preocupaciones ambientales y sociales de sus clientes.

Por último, el auge de las fintech y la digitalización de los servicios bancarios han tenido un impacto significativo en los bancos comerciales, que ahora deben adaptarse a un entorno cada vez más competitivo. Los bancos han tenido que innovar y ofrecer nuevos productos y servicios para mantenerse competitivos en un mercado en constante evolución.

Bancos de inversión

Los bancos de inversión son instituciones financieras especializadas en operaciones de mercado, fusiones y adquisiciones, emisiones de acciones y bonos, y asesoramiento en estrategia financiera. A diferencia de los bancos comerciales, que manejan depósitos y préstamos a individuos y empresas, los bancos de inversión trabajan principalmente con grandes empresas e instituciones financieras para ayudarles a recaudar fondos, gestionar riesgos financieros y realizar operaciones complejas.

Los bancos de inversión surgieron en el siglo XIX en respuesta a la creciente demanda de experiencia financiera por parte de las grandes empresas. Con el tiempo, su papel ha evolucionado y se han convertido en actores importantes en los mercados financieros, ofreciendo servicios como negociación, gestión de carteras y asesoramiento en inversiones.

Los bancos de inversión a menudo están involucrados en transacciones complejas, como fusiones y adquisiciones, salidas a bolsa, emisiones de bonos y productos derivados. Utilizan su experiencia para asesorar a las empresas sobre cómo recaudar fondos, reducir riesgos y maximizar rendimientos.

Sin embargo, las actividades de los bancos de inversión también pueden representar riesgos para la economía debido a su participación en operaciones de mercado de alto riesgo. Por ello, están regulados de manera estricta por las autoridades financieras, especialmente en términos de capitalización y gestión de riesgos.

En última instancia, los bancos de inversión desempeñan un papel importante en el funcionamiento de los mercados financieros y en la economía en general. Su experiencia financiera y capacidad para proporcionar soluciones financieras complejas son activos valiosos para las grandes empresas e instituciones financieras. Sin embargo, su participación en actividades de mercado de alto riesgo subraya la importancia de la regulación y supervisión para prevenir crisis financieras.

Bancos centrales

Los bancos centrales desempeñan un papel crucial en la economía mundial. Su principal misión es gestionar la política monetaria, que tiene como objetivo mantener la estabilidad de precios y promover el crecimiento económico. Los bancos centrales también tienen la responsabilidad de supervisar el sistema bancario y financiero de su país y regular el mercado monetario.

Los bancos centrales han evolucionado con el tiempo, pasando de ser instituciones bancarias comerciales a organizaciones gubernamentales independientes. La mayoría de los bancos centrales se crearon en el siglo XIX para regular los sistemas bancarios nacionales, pero su papel ha evolucionado para incluir la política monetaria y la estabilidad financiera.

El Banco Central Europeo (BCE) es un ejemplo de banco central creado para regular una moneda común. Se estableció en 1998 para gestionar el euro y promover la estabilidad financiera en la zona euro. El BCE se encarga de establecer e implementar la política monetaria de la zona euro, en colaboración con los bancos centrales nacionales.

Los bancos centrales utilizan diferentes instrumentos para influir en la política monetaria. Pueden modificar las tasas de interés, comprar y vender valores en el mercado monetario, y regular las reservas obligatorias de los bancos comerciales. También pueden intervenir en el mercado de divisas para estabilizar los tipos de cambio.

La política monetaria tiene un impacto importante en la economía, especialmente en la inflación, el desempleo y el crecimiento económico. Por lo tanto, los bancos centrales deben trabajar en estrecha colaboración con el gobierno y otros actores económicos para lograr sus objetivos de política monetaria.

Los bancos centrales también son responsables de la supervisión y regulación de los bancos comerciales e instituciones financieras. Establecen normas de solvencia y liquidez, y aseguran que las instituciones financieras cumplan con las regulaciones de prevención de lavado de dinero y financiamiento del terrorismo.

Por último, los bancos centrales desempeñan un papel crucial en la prevención y resolución de crisis financieras. Pueden proporcionar préstamos de emergencia a los bancos comerciales y llevar a cabo medidas para asegurar la estabilidad financiera en tiempos de crisis.

Bancos de desarrollo

Los bancos de desarrollo son instituciones financieras especializadas en el financiamiento de proyectos económicos y sociales destinados a fomentar el desarrollo de los países en desarrollo. Su objetivo es apoyar el crecimiento económico mediante la financiación de proyectos de infraestructura, programas de desarrollo agrícola, proyectos energéticos, iniciativas empresariales y otros proyectos que tengan un impacto positivo en la sociedad.

Los bancos de desarrollo pueden ser instituciones nacionales o internacionales. Las instituciones nacionales suelen ser creadas por los gobiernos para apoyar el desarrollo económico y social de su país. En cambio, las instituciones internacionales son creadas por varios gobiernos u organizaciones internacionales para financiar proyectos en diferentes países.

La financiación proporcionada por los bancos de desarrollo suele ser más barata que la de los bancos comerciales tradicionales, ya que estas instituciones tienen acceso privilegiado a fuentes de financiación de bajo costo, como fondos soberanos, inversores institucionales y bancos centrales.

Los bancos de desarrollo también ofrecen préstamos a tasas de interés bajas, subvenciones y garantías para ayudar a las empresas a acceder a la financiación necesaria para lanzar sus proyectos. Estas instituciones también pueden proporcionar asistencia técnica a los beneficiarios de la financiación para ayudarles a desarrollar sus proyectos de manera eficiente.

Los proyectos financiados por los bancos de desarrollo a menudo tienen impactos positivos en la economía local, ya que generan empleo, estimulan el crecimiento económico y mejoran la calidad de vida de las poblaciones locales. Además, los bancos de desarrollo pueden ayudar a fortalecer

las capacidades de las instituciones públicas locales
proporcionando asistencia técnica para mejorar las políticas
públicas y las prácticas de gestión.

Por último, los bancos de desarrollo pueden desempeñar
un papel importante en la consecución de los objetivos de
desarrollo sostenible de las Naciones Unidas, apoyando
proyectos que tengan un impacto positivo en el medio
ambiente, la salud, la educación, la igualdad de género y la
reducción de la pobreza.

Bancos cooperativos

Los bancos cooperativos son instituciones financieras
que se caracterizan por ser propiedad y estar gestionados
por sus miembros, que a menudo son clientes que tienen
una relación estrecha con el banco y comparten intereses
comunes. A diferencia de otros tipos de bancos, cuyo objetivo
es maximizar los beneficios de sus accionistas, los bancos
cooperativos son organizaciones sin ánimo de lucro cuya
misión es servir a los intereses de sus miembros y de la
comunidad.

Los bancos cooperativos fueron creados a finales del siglo
XIX para ayudar a los agricultores y cooperativas agrícolas
a acceder a servicios bancarios. Hoy en día, estos bancos
están presentes en muchos países, principalmente en
Europa y América del Norte, y a menudo se agrupan en redes
cooperativas que comparten los mismos valores y principios.

El modelo cooperativo se basa en la participación activa y

democrática de los miembros en la gobernanza del banco.
Los miembros eligen a los administradores del banco y
tienen derecho a votar en decisiones importantes que les
conciernen. Los beneficios del banco se redistribuyen entre
los miembros en forma de dividendos o servicios mejorados.

Los bancos cooperativos suelen estar más cerca de su
comunidad y de sus clientes que otros tipos de bancos.
A menudo ofrecen productos y servicios adaptados a las
necesidades locales, como préstamos para pequeñas
empresas o servicios de microfinanzas para personas de
bajos ingresos. También pueden desempeñar un papel
importante en la financiación de proyectos de desarrollo local
y sostenible.

Los bancos cooperativos suelen tener estándares éticos
y sociales más estrictos que otros tipos de bancos.
Pueden tener políticas de no financiamiento de sectores
controvertidos como armamentos, tabaco o energías fósiles.
También pueden comprometerse en proyectos de desarrollo
sostenible y lucha contra la pobreza.

Bancos en línea y neobancos

En un mundo cada vez más digital, los bancos en línea
y los neobancos están ganando popularidad entre los
consumidores. Los bancos en línea son instituciones
financieras que ofrecen servicios bancarios exclusivamente
en línea, sin infraestructura física, mientras que los
neobancos son startups financieras que ofrecen servicios
bancarios completamente digitales.

Los bancos en línea y los neobancos se distinguen de
los bancos tradicionales al ofrecer servicios rápidos,
convenientes y accesibles a un costo a menudo inferior. Los
clientes pueden realizar operaciones bancarias básicas como
el pago de facturas, transferencias de dinero y la gestión de
sus cuentas desde su ordenador o teléfono móvil, sin tener
que acudir físicamente a una sucursal.

Sin embargo, los bancos en línea y los neobancos también
presentan riesgos para los consumidores, como la seguridad
de los datos y las transacciones, así como la disponibilidad
de atención al cliente en caso de problemas técnicos. Por
lo tanto, es importante que los clientes elijan instituciones
financieras reputadas y confiables.

Además, los bancos en línea y los neobancos pueden no
ofrecer los mismos beneficios que los bancos tradicionales,
como préstamos a tasas favorables o servicios de
asesoramiento financiero personalizado. Por lo tanto, los
clientes deben sopesar el costo y los beneficios de estos
servicios antes de elegir una institución financiera.

Por último, los bancos en línea y los neobancos compiten con
los bancos tradicionales, lo que podría llevar a una evolución
del sector bancario en su conjunto. Los bancos tradicionales
podrían verse obligados a reducir sus costos y adoptar
tecnologías más avanzadas para mantenerse competitivos, lo
que podría beneficiar a los clientes.

Estructura y funcionamiento de los bancos

Organización interna

La organización interna de los bancos es un elemento clave para su funcionamiento eficiente y éxito. Los bancos tienen una estructura compleja que incluye varios departamentos y unidades funcionales. Esta estructura está diseñada para garantizar la gestión óptima de las operaciones bancarias y brindar servicios de calidad a los clientes.

La mayoría de los grandes bancos tienen una estructura organizativa similar, compuesta por tres niveles: estratégico, táctico y operativo. El nivel estratégico es responsable de la dirección general del banco, desarrollo de políticas y objetivos a largo plazo. El nivel táctico se encarga de la planificación e implementación de las estrategias del banco, mientras que el nivel operativo es responsable de ejecutar las operaciones diarias.

Cada departamento del banco tiene funciones específicas. Por ejemplo, el departamento de operaciones bancarias se encarga de gestionar las operaciones diarias como depósitos y retiros, transferencias de fondos y mantenimiento de cuentas. El departamento de préstamos y créditos, por otro lado, es responsable de gestionar préstamos, evaluar riesgos y verificar la solvencia de los prestatarios. El departamento financiero se encarga de gestionar los activos y pasivos del banco, planificación presupuestaria y gestión de riesgos financieros.

La organización interna de los bancos también incluye un departamento de recursos humanos que se encarga de reclutamiento, capacitación y desarrollo de empleados. El departamento de cumplimiento se encarga de garantizar que el banco cumpla con todas las regulaciones de cumplimiento legal, lavado de dinero y cumplimiento de estándares internacionales.

La comunicación interna es esencial para garantizar la coordinación entre los diferentes departamentos y asegurar que se alcancen los objetivos del banco. Las reuniones regulares, los informes y las evaluaciones son herramientas de comunicación utilizadas para lograr este objetivo.

Por último, la cultura corporativa es un elemento importante de la organización interna de los bancos. Los valores y la visión del banco se transmiten a los empleados a través de la capacitación, la comunicación y el reconocimiento de comportamientos alineados con los valores y la visión del banco.

Canales de distribución

Los canales de distribución son uno de los aspectos clave del funcionamiento de los bancos. Estos canales permiten a los clientes interactuar con el banco, acceder a sus productos y servicios, y realizar transacciones financieras.

Los canales de distribución tradicionales son las sucursales físicas, que generalmente se encuentran en ubicaciones estratégicas para ofrecer un fácil acceso a los clientes. Las sucursales físicas permiten a los clientes reunirse directamente con un asesor bancario, discutir sus necesidades financieras y realizar transacciones. Las sucursales físicas también ofrecen una variedad de servicios adicionales como cajeros automáticos, taquillas y depósitos.

Sin embargo, con el avance de la tecnología, los bancos han comenzado a utilizar canales de distribución digitales para llegar a un público más amplio y ofrecer servicios más eficientes. Los canales de distribución digitales incluyen sitios web bancarios, aplicaciones móviles, plataformas de banca en línea y chatbots.

Los sitios web bancarios ofrecen a los clientes fácil acceso a información sobre los productos y servicios del banco, así como tasas de interés y condiciones de crédito. Las aplicaciones móviles permiten a los clientes administrar sus cuentas bancarias, pagar facturas y transferir dinero desde sus teléfonos inteligentes o tabletas.

Las plataformas de banca en línea ofrecen una experiencia bancaria completa sin la intervención de un asesor bancario. Los clientes pueden abrir una cuenta en línea, realizar transacciones, administrar su cartera e incluso invertir su dinero. Los chatbots son asistentes virtuales alimentados por inteligencia artificial que pueden ayudar a los clientes a responder preguntas simples sobre sus cuentas bancarias o encontrar productos y servicios relevantes.

Además, los canales de distribución digitales ofrecen ventajas adicionales a los clientes, como tiempos de respuesta más rápidos, costos más bajos y funcionalidades adicionales como herramientas de presupuestación y planificación financiera.

Por lo tanto, los canales de distribución son un elemento crucial del funcionamiento de los bancos, ya que ofrecen una forma eficiente de proporcionar productos y servicios financieros a un público amplio. Los bancos deben adaptarse a los avances tecnológicos para satisfacer las necesidades de sus clientes y ofrecer una experiencia bancaria fácil y transparente.

Gestión de riesgos

La gestión de riesgos es un aspecto esencial de la actividad bancaria. Los bancos deben gestionar una serie de riesgos diferentes para garantizar la seguridad de sus clientes, empleados, inversiones y todo el sistema financiero en su conjunto.

Los riesgos a los que se enfrentan los bancos se pueden clasificar en varias categorías, como riesgo crediticio, riesgo de mercado, riesgo operativo, riesgo de liquidez, riesgo de tasa de interés y riesgo de cambio. Cada tipo de riesgo presenta desafíos específicos y requiere un enfoque de gestión adecuado.

La gestión de riesgos comienza con la identificación y evaluación de estos riesgos. Los bancos deben determinar las probabilidades e impactos potenciales de cada tipo de riesgo para determinar las medidas de prevención y control apropiadas.

Los bancos también utilizan técnicas de gestión de riesgos, como diversificación y cobertura, titulización, uso de productos derivados, modelado y pruebas de estrés, para minimizar los riesgos potenciales.

Sin embargo, la gestión de riesgos no puede considerarse como una actividad puntual. Debe ser parte integral de toda la organización y ser una preocupación constante para los bancos. La cultura de gestión de riesgos debe estar arraigada en los valores y prácticas de la empresa.

Además, los reguladores y organismos de supervisión desempeñan un papel importante en la gestión de riesgos al garantizar que los bancos cumplan con las normas y regulaciones adecuadas de supervisión. Las normas de transparencia y gobernanza también son importantes para asegurar la responsabilidad de los bancos hacia sus clientes y la sociedad en general.

Por último, cabe destacar que la gestión de riesgos es un campo en constante evolución, con nuevos riesgos emergentes como ciberseguridad y riesgos ambientales. Los bancos deben mantenerse al tanto de los desarrollos y tendencias para mantener su capacidad de gestionar los riesgos de manera efectiva.

Rentabilidad y desempeño financiero

La rentabilidad y el desempeño financiero de los bancos son elementos clave para su supervivencia y crecimiento a largo plazo. En un entorno económico cada vez más competitivo, los bancos deben buscar maximizar sus ganancias mientras gestionan eficientemente los riesgos.

La rentabilidad se mide a través de ratios de rentabilidad del capital (ROE) y rentabilidad de los activos (ROA). El ROE mide la utilidad neta en relación con los capitales propios y el ROA mide la utilidad neta en relación con los activos totales. Estos ratios permiten medir la eficiencia con la que los bancos utilizan su capital propio y activos para generar ganancias.

Para aumentar su rentabilidad, los bancos deben buscar maximizar sus ingresos mientras minimizan sus costos. Los ingresos pueden aumentarse a través del crecimiento de préstamos, comisiones e ingresos por operaciones. Los costos pueden reducirse a través de una mejor gestión de costos operativos y una optimización de la gestión de riesgos.

El desempeño financiero también se mide a través de otros ratios, como el ratio de liquidez y el ratio de solvencia. El ratio de liquidez mide la capacidad del banco para cumplir con las obligaciones de pago a corto plazo, mientras que el ratio de solvencia mide la capacidad del banco para enfrentar pérdidas potenciales.

Para mejorar su desempeño financiero, los bancos deben buscar aumentar su eficiencia operativa, gestionar los riesgos de manera efectiva y mantener un ratio de liquidez y solvencia adecuado. Los bancos también pueden buscar diversificar su cartera de productos y desarrollar nuevos productos y servicios para adaptarse a las cambiantes necesidades de sus clientes.

Es importante tener en cuenta que la rentabilidad y el desempeño financiero de los bancos no deben lograrse a expensas de la ética y la responsabilidad social. Los bancos deben comprometerse a cumplir con los más altos estándares éticos y ambientales, al tiempo que buscan maximizar su rentabilidad.

Servicios y productos bancarios

Cuentas corrientes y de ahorro

Las cuentas corrientes y de ahorro son productos bancarios básicos ofrecidos por la mayoría de los bancos. Las cuentas corrientes se utilizan para gestionar las transacciones diarias, mientras que las cuentas de ahorro se utilizan para ahorrar dinero.

Las cuentas corrientes permiten depositar y retirar dinero, hacer pagos con cheque o tarjeta bancaria. Las cuentas corrientes también pueden ofrecer características adicionales, como transferencias electrónicas y alertas de saldo.

Las cuentas de ahorro se utilizan para ahorrar dinero para proyectos futuros o para hacer frente a imprevistos. Estas cuentas pueden ofrecer un tipo de interés más alto que las cuentas corrientes, lo que permite obtener ganancias con el dinero ahorrado. Algunas cuentas de ahorro también pueden tener restricciones en cuanto a la cantidad mínima a depositar y retirar.

Los bancos también ofrecen productos de ahorro más sofisticados, como cuentas a plazo fijo y libretas de ahorro. Las cuentas a plazo fijo son cuentas de ahorro con un tipo de interés fijo durante un período determinado. Las libretas de ahorro son cuentas de ahorro con un tipo de interés variable, pero que pueden ofrecer beneficios fiscales.

Es importante comparar las ofertas de diferentes instituciones financieras para encontrar el producto de ahorro que mejor se adapte a tus necesidades. Las tasas de interés, las tarifas y las condiciones pueden variar considerablemente de un banco a otro.

También es importante recordar que el ahorro es una parte importante de la planificación financiera. Al ahorrar dinero regularmente, puedes crear un fondo de emergencia para hacer frente a situaciones imprevistas, como la pérdida de empleo o gastos médicos. El ahorro también se puede utilizar para alcanzar objetivos financieros a largo plazo, como comprar una casa o ahorrar para la jubilación.

Préstamos y créditos

La concesión de préstamos y créditos es una de las principales funciones de los bancos. Los préstamos y créditos permiten a individuos y empresas adquirir bienes y servicios que necesitan, al tiempo que brindan al banco oportunidades para generar ingresos. En esta sección, exploraremos en detalle los diferentes tipos de préstamos y créditos ofrecidos por los bancos y las implicaciones de su uso.

En primer lugar, es importante entender la diferencia entre los préstamos y los créditos. Un préstamo es una suma de dinero prestada por el banco a un prestatario, que debe ser reembolsada con intereses en un período determinado. En cambio, un crédito es una suma de dinero puesta a disposición del prestatario que puede ser utilizada según sus necesidades, con intereses cobrados solo sobre el monto utilizado efectivamente.

Los préstamos y créditos generalmente se clasifican en dos categorías: préstamos al consumo y préstamos comerciales. Los préstamos al consumo están destinados a individuos para financiar gastos personales como la compra de un automóvil, bienes raíces o unas vacaciones. Los préstamos comerciales, por otro lado, están destinados a empresas para financiar sus actividades comerciales, como la compra de equipos, inventario o capital de trabajo.

También existen préstamos hipotecarios que se utilizan para financiar la compra de una propiedad inmobiliaria. Los préstamos hipotecarios pueden ser de tasa fija o variable, dependiendo de las preferencias del prestatario. Los préstamos estudiantiles también son comunes y se utilizan para financiar estudios universitarios.

Los bancos también ofrecen una variedad de créditos a empresas, como créditos de tesorería para financiar necesidades diarias de liquidez, arrendamientos financieros para adquirir equipos y líneas de crédito para proyectos a más largo plazo. Los bancos también pueden ofrecer créditos al consumo para gastos no planificados, como reparaciones de automóviles o gastos médicos.

Los préstamos y créditos están sujetos a tasas de interés que varían según la situación del prestatario, el tipo de préstamo o crédito y el nivel de riesgo percibido por el banco. Las tasas de interés pueden ser fijas o variables, dependiendo del plazo del préstamo o crédito y las condiciones del mercado.

Servicios de inversión y gestión patrimonial

Los servicios de inversión y gestión patrimonial son áreas clave dentro del sector bancario. Tienen como objetivo ayudar a los clientes a gestionar sus inversiones y patrimonio para alcanzar sus objetivos financieros. Los servicios de inversión comprenden una variedad de productos, como acciones, bonos, fondos de inversión, derivados, etc., que permiten a los clientes diversificar su cartera y obtener el máximo rendimiento de sus inversiones. Por otro lado, la gestión patrimonial incluye servicios como la planificación fiscal, la planificación sucesoria, la gestión de la deuda y la gestión de tesorería.

Los bancos suelen ofrecer servicios de inversión y gestión patrimonial a su clientela adinerada, que requiere un acompañamiento personalizado para gestionar su patrimonio e inversiones. Los asesores de inversión y gestión patrimonial de los bancos ayudan a los clientes a comprender los diferentes productos financieros disponibles, evaluar su perfil de riesgo y desarrollar un plan de inversión acorde con sus objetivos financieros a largo plazo.

Es importante destacar que los servicios de inversión y gestión patrimonial no están reservados exclusivamente a clientes adinerados. Los bancos también ofrecen servicios de inversión en línea y fondos de inversión accesibles a todo tipo de inversores, independientemente de su nivel de riqueza. Estos productos suelen ser menos costosos que los servicios de inversión tradicionales y son una opción atractiva para los inversores principiantes.

La gestión patrimonial también puede ser una opción viable para inversores de todos los niveles. Los bancos a menudo ofrecen servicios de planificación financiera, que pueden ayudar a los clientes a desarrollar un plan de gestión patrimonial adecuado a su situación financiera. Los asesores financieros pueden ayudar a los clientes a comprender diferentes aspectos de la planificación financiera, como seguros, impuestos y sucesiones, para asegurarse de que su patrimonio se gestione de manera óptima.

Servicios de pago y dinero electrónico

Los servicios de pago y el dinero electrónico han experimentado un rápido crecimiento en los últimos años gracias al desarrollo tecnológico y la evolución de los hábitos de consumo. Los bancos desempeñan un papel crucial en estas áreas al ofrecer servicios y productos innovadores para satisfacer las necesidades de sus clientes.

Los servicios de pago electrónico han evolucionado para ofrecer una variedad de soluciones adaptadas a las necesidades de empresas y particulares. Las transferencias de dinero internacionales, los pagos móviles y las billeteras electrónicas son algunos de los servicios más populares. Las transferencias de dinero internacionales han permitido reducir significativamente los costos y los tiempos de transferencia, lo que facilita el comercio y las transferencias de fondos entre miembros de la familia que viven en diferentes países. Los pagos móviles y las billeteras electrónicas también ofrecen una mayor conveniencia para compras en línea y transacciones diarias.

El dinero electrónico es otra innovación importante en el campo de los servicios de pago. Se considera a menudo como una alternativa a la moneda tradicional, ya que se almacena electrónicamente y se puede utilizar para compras en línea o transferencias de fondos. El dinero electrónico a menudo se asocia con tarjetas prepagadas o aplicaciones móviles que permiten a los usuarios almacenar fondos electrónicos y utilizarlos para realizar pagos.

Los bancos desempeñan un papel importante en el desarrollo del dinero electrónico al ofrecer soluciones de pago y transferencia de fondos. También brindan servicios de seguridad para garantizar la confidencialidad y seguridad de la información financiera sensible. Los bancos también han ampliado su oferta de servicios para incluir programas de lealtad y reembolsos en efectivo para transacciones realizadas con tarjetas de crédito y débito.

Además, los bancos también han desarrollado asociaciones con proveedores de tecnología de pago para ofrecer soluciones innovadoras de pago en línea y móviles. Por ejemplo, algunos bancos han lanzado programas de pago móvil que permiten a los usuarios pagar sus compras utilizando su teléfono móvil. Otros bancos han establecido sistemas de pago en línea que permiten a los clientes pagar facturas y transferir fondos en línea.

Seguros y productos derivados

Los seguros y los productos derivados son instrumentos
financieros que han experimentado un crecimiento
exponencial en las últimas décadas. Los seguros permiten
transferir el riesgo de un evento imprevisto (como un
accidente, un incendio o una enfermedad) de una persona
o empresa a una compañía de seguros a cambio de una
prima. Los productos derivados, por otro lado, son contratos
financieros cuyo valor se deriva de un activo subyacente
(como una acción, una materia prima o una divisa).

Los seguros se utilizan para cubrir riesgos relacionados con
actividades económicas, sociales y ambientales. Por ejemplo,
los seguros de vida protegen a la familia en caso de muerte
o discapacidad. Los seguros de automóviles, por otro lado,
cubren los costos de reparación y reemplazo de vehículos
en caso de accidente. Los seguros de hogar protegen contra
daños a la vivienda y sus bienes.

Los productos derivados, en cambio, se utilizan para
cubrir riesgos financieros y especulativos. Los contratos de
futuros, por ejemplo, permiten fijar un precio para un activo
subyacente en una fecha futura. Las opciones, por otro lado,
otorgan el derecho (pero no la obligación) de comprar o
vender un activo subyacente a un precio determinado en una
fecha específica.

Los productos derivados también se pueden utilizar
para especular sobre los movimientos de los mercados
financieros. Los fondos de cobertura, por ejemplo, a menudo
utilizan productos derivados para generar altos rendimientos

al adoptar posiciones largas o cortas en los mercados financieros.

Los seguros y los productos derivados tienen ventajas y desventajas. Los seguros permiten transferir riesgos y proteger a las partes involucradas contra pérdidas financieras. Sin embargo, las primas pueden ser costosas, especialmente si el riesgo es alto. Los productos derivados pueden ayudar a gestionar riesgos financieros y generar altos rendimientos, pero también pueden ser muy arriesgados y causar pérdidas importantes.

Regulación y supervisión bancaria

Los organismos reguladores nacionales e internacionales

Los organismos reguladores nacionales e internacionales desempeñan un papel clave en la supervisión y regulación del sector bancario. Estos organismos están encargados de mantener la estabilidad financiera, proteger a los consumidores y prevenir los riesgos sistémicos.

A nivel internacional, los principales organismos reguladores son el Banco de Pagos Internacionales (BPI), el Comité de Basilea de Supervisión Bancaria, el Fondo Monetario Internacional (FMI) y la Organización para la Cooperación y el Desarrollo Económico (OCDE). Estos organismos han desarrollado estándares y regulaciones para garantizar la estabilidad financiera, reducir los riesgos y fortalecer la transparencia en el sector bancario.

El Comité de Basilea de Supervisión Bancaria ha desarrollado en particular tres acuerdos de regulación bancaria conocidos como Basilea I, Basilea II y Basilea III. Estos acuerdos han establecido estándares internacionales para la solvencia, liquidez y gestión de riesgos de los bancos.

A nivel nacional, cada país tiene su propio organismo regulador. En Francia, por ejemplo, se trata de la Autoridad de Control Prudencial y de Resolución (ACPR) que se encarga de supervisar los bancos y las aseguradoras. En Estados Unidos, por otro lado, es la Reserva Federal la encargada de regular el sector bancario y financiero.

Los organismos reguladores nacionales e internacionales también han establecido mecanismos para la supervisión y resolución de crisis bancarias. Los mecanismos de garantía de depósitos permiten a los depositantes recuperar su dinero en caso de quiebra de un banco. Los mecanismos de resolución de crisis bancarias tienen como objetivo prevenir la propagación de los riesgos sistémicos y mantener la estabilidad financiera.

Las regulaciones prudenciales (Basilea I, II, III)

Las regulaciones prudenciales son normas que buscan limitar los riesgos asumidos por los bancos y garantizar la estabilidad financiera. Estas regulaciones se desarrollaron como respuesta a la crisis financiera de 2008, que reveló las debilidades del sistema bancario. Las regulaciones prudenciales más importantes son los acuerdos de Basilea I, II y III.

Basilea I, publicado en 1988, establece los requisitos de capital que los bancos deben mantener para cubrir los riesgos crediticios. Esta regulación se estableció para garantizar que los bancos dispongan de una base sólida de capital para hacer frente a pérdidas imprevistas. Basilea I se modificó en 1996 para incluir requisitos de capital para riesgos de mercado y riesgos operativos.

Basilea II, publicado en 2004, es una mejora de Basilea
I. Introduce un nuevo método de cálculo de los requisitos
de capital para riesgos crediticios, que tiene en cuenta la
calidad del crédito, la duración y el riesgo de contraparte.
Basilea II también alienta a los bancos a desarrollar su propio
sistema de calificación de riesgos crediticios.

Basilea III, publicado en 2010, es una respuesta a la crisis
financiera de 2008. Refuerza los requisitos de capital
para los bancos e introduce nuevas normas de liquidez y
apalancamiento. Basilea III también obliga a los bancos
a tener en cuenta el riesgo de contraparte y el riesgo de
liquidez en su gestión de capital.

Las regulaciones prudenciales tienen como objetivo
garantizar la estabilidad financiera y limitar los riesgos
asumidos por los bancos. Alientan a los bancos a mantener
una base sólida de capital para hacer frente a riesgos
imprevistos, establecer sistemas sólidos de gestión
de riesgos y cumplir con los estándares de liquidez y
apalancamiento.

Sin embargo, estas regulaciones no son infalibles. A veces
pueden ser eludidas o mal aplicadas. Por ejemplo, los bancos
pueden incurrir en prácticas riesgosas utilizando productos
financieros complejos o tratando de sortear los requisitos
de capital. Por lo tanto, es importante que los reguladores
permanezcan vigilantes y establezcan mecanismos de control
y supervisión efectivos para garantizar el cumplimiento de las
regulaciones prudenciales por parte de los bancos.

La lucha contra el lavado de dinero y la financiación del terrorismo

La lucha contra el lavado de dinero y la financiación del terrorismo es una preocupación importante para los bancos en todo el mundo. Estas actividades ilegales pueden tener graves consecuencias para la seguridad y la estabilidad financiera, así como para la economía en su conjunto.

El lavado de dinero consiste en convertir fondos obtenidos ilegalmente en dinero «limpio» a través de un complejo proceso de transacciones financieras. Los delincuentes buscan ocultar el origen y el destino de los fondos para evitar ser detectados por las autoridades. Por otro lado, la financiación del terrorismo es el uso de fondos para respaldar actividades terroristas, como la compra de armas o la planificación de ataques.

Los bancos están en la primera línea de la lucha contra estas actividades ilícitas, ya que a menudo se utilizan para realizar transacciones financieras. Por lo tanto, los bancos tienen la responsabilidad de establecer sistemas de supervisión para detectar y denunciar transacciones sospechosas. Las autoridades pueden investigar estas transacciones y tomar las medidas necesarias para prevenir el lavado de dinero y la financiación del terrorismo.

Para cumplir con las regulaciones, los bancos han implementado programas de lucha contra el lavado de dinero y la financiación del terrorismo. Estos programas incluyen políticas y procedimientos para identificar clientes, evaluar riesgos, monitorear transacciones y reportar actividades sospechosas. También deben realizar verificaciones regulares para asegurarse de que los clientes cumplan con las reglas y regulaciones.

Las autoridades reguladoras nacionales e internacionales también trabajan con los bancos para fortalecer la lucha contra el lavado de dinero y la financiación del terrorismo. Se han establecido estándares de transparencia y gobernanza para ayudar a los bancos a detectar y reportar transacciones sospechosas. Los bancos también deben implementar sistemas de garantía de depósitos y resolución de crisis para proteger los fondos de los clientes en caso de quiebra o crisis.

Sin embargo, a pesar de todos estos esfuerzos, la lucha contra el lavado de dinero y la financiación del terrorismo sigue siendo un desafío para los bancos. Los delincuentes constantemente buscan nuevas formas de eludir las reglas y regulaciones, lo que dificulta la detección de actividades ilícitas. Por lo tanto, los bancos deben mantenerse vigilantes y adaptarse constantemente para garantizar la seguridad financiera de sus clientes y de la economía en general.

Las normas de transparencia y gobernanza

Las normas de transparencia y gobernanza son fundamentales para garantizar la integridad y confianza del público en el sector bancario. En esta sección, exploraremos las diferentes normas y regulaciones que buscan garantizar la transparencia y una buena gobernanza en los bancos.

En primer lugar, la transparencia es la piedra angular de toda buena gobernanza. Los bancos deben ser transparentes sobre su estructura, funcionamiento, prácticas comerciales y gestión de riesgos. Esto permite a las partes interesadas, como los clientes, accionistas, reguladores y el público en general, comprender cómo funciona el banco y cómo gestiona sus riesgos.

Para asegurar esta transparencia, se han establecido muchas regulaciones. Por ejemplo, la Directiva europea MiFID II (Markets in Financial Instruments Directive) exige a los bancos divulgar información detallada sobre los productos financieros que ofrecen, así como su costo y desempeño. De manera similar, la Directiva CRD IV (Capital Requirements Directive IV) requiere que los bancos divulguen información detallada sobre su perfil de riesgo, capitalización y exposición a riesgos.

En cuanto a la gobernanza, los bancos deben cumplir con ciertos estándares para asegurar una gestión sólida y eficiente. En primer lugar, los bancos deben tener una estructura de gobierno claramente definida, con órganos de toma de decisiones separados, como el consejo de administración y el comité de dirección. Los miembros de estos órganos deben ser independientes y competentes, con experiencia relevante en el sector bancario.

Además, los bancos deben establecer políticas efectivas para gestionar riesgos, incluyendo la gestión de conflictos de interés, el monitoreo de cumplimiento normativo y la gestión de riesgos operativos, como los relacionados con la ciberseguridad.

Por último, los bancos deben rendir cuentas ante sus partes interesadas, especialmente sus clientes y accionistas. Para lograr esto, deben establecer políticas claras sobre divulgación de información, manejo de quejas y trato justo a los clientes. También deben ser transparentes en cuanto a su desempeño financiero, políticas de remuneración y prácticas comerciales.

Sistemas de garantía de depósitos y resolución de crisis

Los sistemas de garantía de depósitos y resolución de crisis son mecanismos de protección implementados por los gobiernos y las autoridades regulatorias para asegurar la seguridad de los fondos depositados por los clientes en los bancos. Estos sistemas se desarrollaron como respuesta a las crisis bancarias y financieras, que destacaron la necesidad de proteger a los clientes de pérdidas financieras debido a la quiebra de los bancos.

El sistema de garantía de depósitos es un mecanismo que garantiza la seguridad de los depósitos de los clientes en caso de quiebra de un banco. Permite a los clientes recuperar sus fondos hasta cierta cantidad, generalmente establecida por ley. Esta cantidad varía de un país a otro, pero generalmente es del orden de varios miles de euros. El sistema de garantía de depósitos es financiado por las contribuciones de los bancos, calculadas en función de su riesgo.

La resolución de crisis es un proceso para resolver los

problemas de los bancos en dificultades minimizando las pérdidas para los clientes, inversores y contribuyentes. La resolución de crisis puede tomar diversas formas, como la venta del banco en dificultades a terceros, la capitalización del banco por parte del gobierno o la fusión con otro banco. La resolución de crisis puede ser costosa para los contribuyentes, por lo que suele estar sujeta a condiciones estrictas, como restricciones en los salarios de los ejecutivos y medidas para proteger los intereses de los clientes.

Los sistemas de garantía de depósitos y resolución de crisis son fundamentales para mantener la confianza en el sistema bancario y financiero. Permiten que los clientes se sientan seguros al depositar su dinero en un banco, sabiendo que sus fondos serán reembolsados en caso de quiebra. También ayudan a reducir el riesgo de pánico bancario, que puede propagarse rápidamente y causar pérdidas significativas para los clientes e inversores.

Sin embargo, es importante tener en cuenta que estos sistemas tienen sus límites. Por ejemplo, los sistemas de garantía de depósitos solo garantizan depósitos hasta cierta cantidad, lo que significa que los clientes que hayan depositado sumas mayores pueden sufrir pérdidas en caso de quiebra del banco. Además, la resolución de crisis puede ser difícil de implementar en algunos casos, especialmente cuando los bancos son demasiado grandes para quebrar sin provocar una crisis sistémica.

Tipología de riesgos bancarios

Riesgo de crédito

El riesgo de crédito es uno de los principales riesgos a los que se enfrentan los bancos. Se refiere a la posibilidad de que un prestatario no reembolse su préstamo de acuerdo con los términos acordados, lo que resulta en una pérdida para el banco. Este riesgo suele estar presente en la cartera de préstamos de un banco y puede provenir de diferentes tipos de clientes, como empresas, particulares, gobiernos y organizaciones sin fines de lucro.

El riesgo de crédito se puede clasificar en dos categorías principales: riesgo de incumplimiento y riesgo de deterioro crediticio. El riesgo de incumplimiento se refiere a la probabilidad de que el prestatario no reembolse el préstamo, mientras que el riesgo de deterioro crediticio se refiere a la probabilidad de que el prestatario reembolse el préstamo, pero con retraso o reducción del monto del pago.

Para gestionar el riesgo de crédito, los bancos establecen rigurosos procedimientos de suscripción de crédito para asegurarse de que los prestatarios sean capaces de reembolsar su préstamo. Estos procedimientos incluyen el análisis de solvencia del prestatario, la evaluación de las garantías proporcionadas para el préstamo y la evaluación del riesgo económico y sectorial asociado al prestatario. Los bancos también pueden diversificar su cartera de préstamos para reducir su exposición a un sector o tipo específico de prestatario.

En caso de falta de pago, los bancos suelen tener mecanismos para recuperar su dinero, como la ejecución de garantías o la reestructuración de la deuda. En casos extremos, los bancos pueden tener que contabilizar pérdidas en su balance.

Es importante tener en cuenta que el riesgo de crédito está estrechamente relacionado con el riesgo económico. En tiempos de desaceleración económica, aumenta el riesgo de falta de pago de los prestatarios, lo que puede ocasionar pérdidas para los bancos.

Riesgo de mercado

El concepto de riesgo de mercado es fundamental en la actividad bancaria. De hecho, este tipo de riesgo se refiere a las posibles pérdidas relacionadas con las fluctuaciones de los mercados financieros, como los mercados de valores, los mercados de divisas, los mercados de materias primas, las tasas de interés y los índices. Por lo tanto, los bancos están expuestos a este riesgo cuando su cartera incluye activos financieros sujetos a estas variaciones del mercado.

El riesgo de mercado se puede evaluar mediante diferentes métodos, como el Valor en Riesgo (VaR), que permite cuantificar la pérdida máxima probable de una cartera en un cierto nivel de confianza. Por lo tanto, los bancos utilizan modelos matemáticos sofisticados para estimar su riesgo de mercado y establecer estrategias de gestión adecuadas.

Los instrumentos financieros derivados se utilizan a menudo

para cubrir el riesgo de mercado. Estos instrumentos financieros permiten transferir el riesgo de mercado a un tercero. Por ejemplo, un banco puede comprar un contrato de futuros sobre una materia prima para protegerse contra un aumento en su precio. Sin embargo, el uso de estos instrumentos derivados también puede amplificar el riesgo de mercado.

Los bancos también deben ser conscientes de los riesgos asociados a productos estructurados complejos, que pueden ser opacos y difíciles de evaluar. De hecho, estos productos pueden incluir riesgos ocultos, como cláusulas de reembolso anticipado o opciones de recompra que pueden resultar en pérdidas significativas para los inversores.

Por último, los bancos también deben ser sensibles a los riesgos de mercado sistémicos. Estos riesgos afectan a todo el sistema financiero y pueden ser desencadenados por eventos imprevisibles, como crisis económicas y financieras. Por lo tanto, los bancos deben ser capaces de gestionar estos riesgos sistémicos mediante la adopción de medidas de prevención y gestión de crisis.

Riesgo operativo

El riesgo operativo es uno de los principales riesgos a los que se enfrentan los bancos. Se define como la posibilidad de pérdidas derivadas de procesos internos inadecuados, errores humanos, fallas en los sistemas de información, fraudes, disputas legales, desastres naturales y otros eventos imprevistos. A diferencia de otros tipos de riesgos, como el riesgo de crédito y el riesgo de mercado, el riesgo operativo no se puede evaluar o medir con precisión, lo que dificulta su gestión.

Para comprender mejor la importancia del riesgo operativo en los bancos, es esencial recordar que los bancos son instituciones complejas que manejan grandes cantidades de datos y realizan operaciones muy diversas. Las fallas pueden ocurrir en cualquier momento, y la capacidad del banco para hacerles frente depende de su resistencia y su capacidad para responder de manera rápida y eficiente a los eventos.

Para gestionar el riesgo operativo, los bancos han implementado sistemas y procesos de control interno. Esto incluye la identificación de riesgos, la evaluación de los controles internos y la implementación de medidas de gestión de riesgos. Los bancos también deben invertir en sistemas de información resistentes y robustos, así como en la capacitación y el desarrollo de habilidades de sus empleados.

Sin embargo, a pesar de todas las medidas tomadas, los riesgos operativos nunca pueden ser completamente eliminados. Por lo tanto, los bancos también deben tener planes de continuidad del negocio para garantizar la continuidad de los servicios en caso de crisis. Estos planes deben ser probados y actualizados regularmente para asegurar su eficacia.

Riesgo de liquidez

El riesgo de liquidez es uno de los riesgos más importantes a los que se enfrentan los bancos. Se refiere a la capacidad del banco para cumplir con sus obligaciones de pago cuando vencen. En otras palabras, es la capacidad del banco para convertir sus activos en liquidez rápidamente y a bajo costo para satisfacer los retiros de sus clientes o pagar sus deudas.

Los bancos enfrentan este riesgo porque recogen depósitos a la vista y a plazo y prestan dinero a sus clientes a plazos más largos. Esta asimetría de vencimiento crea un riesgo de liquidez, ya que el banco puede no tener suficiente liquidez para cumplir con sus obligaciones de pago.

Los bancos gestionan este riesgo teniendo una gestión prudente de sus activos y pasivos y manteniendo reservas de liquidez adecuadas. Las reservas de liquidez pueden tomar la forma de depósitos a la vista en el banco central, valores negociables o efectivo.

Sin embargo, la gestión del riesgo de liquidez se ha vuelto más compleja con la evolución de los mercados financieros y la globalización de las actividades bancarias. Los bancos pueden tener dificultades para refinanciarse en los mercados interbancarios o en los mercados de capitales en caso de tensiones financieras. Además, la crisis financiera de 2008 destacó la importancia de la gestión de la liquidez y condujo a la implementación de regulaciones más estrictas para garantizar la estabilidad financiera.

Ahora, la regulación exige que los bancos mantengan

colchones de liquidez suficientes para hacer frente a los choques de liquidez. Además, los reguladores realizan pruebas de resistencia para evaluar la capacidad de los bancos para hacer frente a escenarios de tensión financiera.

Por último, la gestión del riesgo de liquidez es fundamental para la confianza de los clientes y la estabilidad financiera. Los bancos deben ser capaces de satisfacer las necesidades de liquidez de sus clientes en todo momento para evitar una crisis de liquidez. La gestión prudente de la liquidez es, por lo tanto, esencial para garantizar la solidez del sistema bancario y evitar crisis financieras.

Riesgo de tasa de interés

El riesgo de tasa de interés es un riesgo importante al que los bancos se enfrentan en su actividad diaria. Este riesgo está relacionado con las fluctuaciones de las tasas de interés en los mercados financieros, que pueden tener un impacto significativo en las ganancias y pérdidas de los bancos.

Concretamente, el riesgo de tasa de interés se materializa cuando las tasas de interés aumentan o disminuyen de manera significativa y los activos y pasivos de los bancos no se ven afectados de la misma manera. Los activos y pasivos de los bancos suelen estar denominados en diferentes tasas de interés, lo que crea desequilibrios cuando las tasas de interés fluctúan.

Por ejemplo, si un banco tiene activos a tasas de interés fijas a largo plazo y pasivos a tasas de interés variables a corto plazo, un aumento en las tasas de interés puede generar un aumento en los gastos de intereses para el banco, mientras que los ingresos por intereses de los activos se mantienen fijos. Esto puede resultar en una disminución de las ganancias para el banco.

Para gestionar el riesgo de tasa de interés, los bancos pueden utilizar varias técnicas. Pueden implementar estrategias de coincidencia de plazos para alinear los activos y pasivos en términos de plazo y sensibilidad a las tasas de interés. Los bancos también pueden utilizar contratos de futuros y opciones para cubrirse contra las fluctuaciones de las tasas de interés.

Sin embargo, estas técnicas de gestión de riesgos no están libres de riesgos. Los contratos de futuros y las opciones pueden ser costosos, y las estrategias de coincidencia de plazos pueden ser difíciles de implementar con precisión. Por lo tanto, los bancos deben ser vigilantes en la gestión de su riesgo de tasa de interés y monitorear de cerca las fluctuaciones de las tasas de interés en los mercados financieros.

Por último, es importante destacar que el riesgo de tasa de interés no solo afecta a los bancos, sino también a los prestatarios e inversores. Los prestatarios pueden verse afectados por las fluctuaciones de las tasas de interés, lo que puede hacer que los pagos de los préstamos sean más costosos o menos asequibles. Los inversores también pueden verse afectados por las fluctuaciones de las tasas de interés, ya que esto puede tener impactos en la valoración de las inversiones en bonos.

Riesgo de cambio

El riesgo de cambio es un riesgo importante para los bancos y las empresas que operan en los mercados internacionales. Ocurre cuando el valor de una moneda fluctúa en relación con otra, lo que provoca pérdidas potenciales para las entidades económicas que tienen posiciones abiertas en monedas extranjeras.

Para ilustrar este riesgo, tomemos el ejemplo de una empresa francesa que vende productos en Estados Unidos y recibe pagos en dólares estadounidenses. Si el euro se deprecia frente al dólar, el valor de los pagos en dólares recibidos por la empresa disminuirá, ya que necesitará más euros para intercambiar esos dólares por su moneda local. Esto puede generar una pérdida para la empresa si no ha cubierto su riesgo de cambio.

Los bancos, por su parte, suelen estar expuestos al riesgo de cambio debido a sus actividades de negociación de divisas. Si tienen posiciones abiertas en una determinada moneda, una fluctuación desfavorable en el valor de esa moneda puede ocasionar pérdidas significativas.

Para gestionar el riesgo de cambio, los bancos y las empresas pueden utilizar instrumentos de cobertura como contratos de futuros, opciones de cambio o swaps de divisas. Estos instrumentos permiten fijar un tipo de cambio con anticipación para una transacción futura, reduciendo así el riesgo de fluctuación del valor de la moneda.

Es importante tener en cuenta que el riesgo de cambio

también puede tener consecuencias en la economía de un país en su conjunto. Por ejemplo, una depreciación repentina de la moneda local puede generar una inflación importada, ya que los productos importados se vuelven más caros. Esto también puede hacer que las exportaciones sean más competitivas, estimulando así el crecimiento económico.

Técnicas de gestión de riesgos

Diversificación y cobertura

La diversificación y la cobertura son dos términos que se mencionan con frecuencia en el ámbito bancario, especialmente en lo que respecta a la gestión de riesgos. De hecho, la diversificación y la cobertura son dos técnicas muy importantes que permiten a los bancos reducir sus riesgos y proteger su rentabilidad.

La diversificación consiste en distribuir los riesgos en diferentes tipos de activos, sectores o regiones geográficas. En otras palabras, se trata de no poner todos los huevos en la misma cesta. Al diversificar sus carteras, los bancos reducen el riesgo de sufrir pérdidas significativas en caso de incumplimiento de un único prestatario o de un único sector económico. Por ejemplo, un banco que solo presta a un sector, como el inmobiliario, puede ser muy vulnerable en caso de caída de los precios de la vivienda. En cambio, un banco que presta a varios sectores, como agricultura, industria y servicios, estará menos expuesto a un riesgo sectorial.

Por su parte, la cobertura consiste en protegerse contra los riesgos tomando posiciones contrarias a las consideradas como riesgosas. Por ejemplo, un banco que presta a tasas variables puede cubrirse contra el riesgo de aumento de las tasas de interés contratando productos financieros que lo protejan contra dicho aumento. De igual manera, un banco que presta en monedas extranjeras puede cubrirse contra el riesgo de cambio comprando productos financieros que le permitan protegerse contra una disminución del valor de esa moneda.

La diversificación y la cobertura son técnicas muy útiles para reducir los riesgos, pero no son infalibles. Por lo tanto, es importante que los bancos implementen sistemas de gestión de riesgos eficientes para monitorear y evaluar constantemente los riesgos asumidos por el banco.

En resumen, la diversificación y la cobertura son dos técnicas esenciales en la gestión de riesgos para los bancos. Utilizando estas técnicas, los bancos pueden reducir su exposición a riesgos específicos y proteger su rentabilidad. Sin embargo, es importante que los bancos sean conscientes de los límites de estas técnicas y establezcan sistemas de gestión de riesgos efectivos para monitorear y evaluar constantemente los riesgos asumidos por el banco.

Titulización

La titulización es un proceso financiero que permite a los bancos transferir parte de sus créditos (préstamos y otros activos financieros) al agruparlos en una cartera que luego venden en forma de valores a inversores. Los flujos generados por estos valores (reembolso de préstamos, intereses y otros ingresos) se distribuyen entre los inversores, quienes se convierten en propietarios de los títulos.

La titulización ofrece muchas ventajas para los bancos, como la reducción de sus riesgos financieros, la liberación de capital para nuevos préstamos, así como la posibilidad de diversificarse en nuevos mercados y productos financieros. Para los inversores, esto ofrece la oportunidad de invertir en una cartera diversificada de préstamos y obtener rendimientos interesantes.

Sin embargo, la titulización también puede tener riesgos, especialmente en caso de incumplimiento de pago de los prestatarios, lo que puede resultar en una disminución del valor de los títulos y pérdidas para los inversores. Además, la complejidad de los productos de titulización puede dificultar la evaluación de su verdadero riesgo.

De hecho, el auge de productos de titulización complejos, como los CDO (obligaciones de deuda garantizadas), fue uno de los factores que contribuyeron a la crisis financiera de 2008. Estos productos se crearon al agrupar préstamos hipotecarios subprime, es decir, préstamos otorgados a prestatarios con alto riesgo crediticio. Los incumplimientos masivos en estos préstamos resultaron en una disminución del valor de los CDO, así como en pérdidas significativas para los inversores que los poseían.

Por lo tanto, es importante que los bancos y los reguladores tengan en cuenta los riesgos asociados con la titulización y establezcan medidas de regulación y supervisión efectivas para evitar desviaciones financieras. Por ejemplo, las regulaciones de Basilea III introducen mayores requisitos de capital para los bancos que se dedican a actividades de titulización, con el fin de reducir su riesgo de incumplimiento de pago y aumentar su solidez financiera.

Uso de instrumentos derivados

El uso de instrumentos derivados es una práctica común en el mundo de las finanzas y los bancos. Estos instrumentos financieros se utilizan para gestionar los riesgos de mercado, crédito, liquidez y tipos de interés. Los instrumentos derivados obtienen su valor de un activo subyacente, como acciones, bonos, divisas, materias primas o índices de mercado.

Existen varios tipos de instrumentos derivados, como contratos de futuros, opciones, swaps y contratos de intercambio de riesgos (CIR). Los contratos de futuros permiten comprar o vender un activo a un precio determinado en una fecha futura específica. Las opciones otorgan el derecho, pero no la obligación, de comprar o vender un activo a un precio determinado en una fecha previamente establecida. Los swaps son contratos de intercambio de flujos financieros entre dos partes, mientras que los CIR son contratos de intercambio de riesgos entre un banco y un cliente.

El uso de instrumentos derivados puede ser muy arriesgado, ya que su valor depende del rendimiento del activo subyacente. Las pérdidas pueden ser significativas si el activo subyacente se mueve desfavorablemente. Por esta razón, los bancos deben gestionar estos riesgos de manera rigurosa y prudente, utilizando técnicas de gestión de riesgos como la diversificación, la cobertura, la titulización y la modelización.

La titulización es una técnica de gestión de riesgos que consiste en transformar activos ilíquidos en valores negociables en los mercados financieros. Esta técnica permite a los bancos liberar capital al vender los valores a inversores. La modelización es una técnica de gestión de riesgos que consiste en simular posibles escenarios de mercado para medir las pérdidas potenciales.

Los instrumentos derivados también pueden ser utilizados para especular en los mercados financieros. Esto puede ser muy rentable, pero también puede ser muy arriesgado. Los especuladores toman posiciones en instrumentos derivados apostando por el rendimiento futuro de los activos subyacentes. Las pérdidas pueden ser significativas si la apuesta resulta errónea.

Modelización y pruebas de estrés

La modelización y las pruebas de estrés son dos herramientas importantes para la gestión de riesgos en el sector bancario. La modelización consiste en utilizar métodos matemáticos y estadísticos para prever los resultados financieros futuros del banco en función de diferentes escenarios económicos. Las pruebas de estrés son simulaciones que permiten evaluar la resiliencia de un banco frente a choques económicos extremos.

La modelización permite a los bancos comprender mejor los riesgos a los que están expuestos y anticipar las fluctuaciones del mercado. También puede ayudar a los bancos a identificar oportunidades de inversión y optimizar su cartera de activos.

Sin embargo, la modelización también tiene límites y
riesgos. Se basa en suposiciones y modelos que pueden
ser imperfectos o inapropiados en ciertas situaciones.
También puede llevar a un exceso de asunción de riesgos
si los bancos se basan demasiado en los resultados de sus
modelos sin tener en cuenta otros factores.

Aquí es donde entran en juego las pruebas de estrés.
Permiten probar la resiliencia del banco frente a escenarios
económicos extremos, como una crisis financiera o una
recesión prolongada. Las pruebas de estrés también pueden
ayudar a los reguladores a evaluar la solidez financiera de los
bancos y asegurarse de que tengan suficiente capital para
hacer frente a posibles pérdidas.

Por lo tanto, las pruebas de estrés son una herramienta
importante para garantizar la estabilidad financiera y la
resiliencia del sector bancario. Sin embargo, no pueden
predecir todos los riesgos posibles y no garantizan por sí
solas la seguridad financiera de un banco. Por lo tanto, es
importante que los bancos adopten un enfoque integral
e integrado de la gestión de riesgos, utilizando una
combinación de modelización, pruebas de estrés y otras
metodologías de evaluación de riesgos.

El banco y la política monetaria

Rol de los bancos centrales

Los bancos centrales son instituciones financieras importantes que desempeñan un papel crucial en la economía mundial. Su principal misión es regular la política monetaria y mantener la estabilidad financiera.

Los bancos centrales tienen varias funciones importantes. En primer lugar, se encargan de crear y regular la cantidad de dinero en circulación en la economía. También son responsables de gestionar las reservas de divisas del país, pudiendo intervenir en los mercados de divisas para mantener la estabilidad del tipo de cambio.

Además, los bancos centrales tienen un papel importante en el mantenimiento de la estabilidad financiera. Se encargan de supervisar el sistema financiero y tomar medidas para prevenir crisis financieras. En caso de crisis, los bancos centrales también pueden proporcionar liquidez de emergencia a los bancos para evitar la propagación al sistema financiero en su conjunto.

Los bancos centrales también tienen la misión de mantener la estabilidad de los precios. Para ello, utilizan instrumentos de política monetaria como las tasas de interés y las operaciones en el mercado abierto para regular la oferta de dinero en la economía. Una alta inflación puede tener consecuencias perjudiciales en la economía, como la reducción del poder adquisitivo de la población y el aumento de los costos de producción de las empresas.

Los bancos centrales también son responsables de la
supervisión y regulación de los bancos comerciales. Se
encargan de asegurarse de que los bancos cumplan con las
normas de solvencia y liquidez para garantizar su estabilidad
financiera. También pueden tomar medidas para prevenir
riesgos sistémicos como el riesgo de contagio entre los
bancos.

Por último, los bancos centrales desempeñan un papel
importante en las relaciones internacionales. A menudo
participan en negociaciones sobre los tipos de cambio y
las políticas económicas internacionales. También trabajan
en estrecha colaboración con otros bancos centrales para
mantener la estabilidad financiera a nivel mundial.

Herramientas de la política monetaria

La política monetaria es una herramienta importante de los
bancos centrales para lograr sus objetivos de estabilidad
de precios y crecimiento económico. Consiste en el uso de
diversos instrumentos para influir en la cantidad de dinero
en circulación, las tasas de interés y las condiciones de
financiamiento de la economía.

Los bancos centrales pueden utilizar varias herramientas
para llevar a cabo su política monetaria. La primera y más
conocida es la tasa de interés principal, que es la tasa a la
que los bancos comerciales pueden pedir prestado dinero al
banco central. Al modificar esta tasa, los bancos centrales

pueden influir en el costo del crédito y, por lo tanto, en la actividad económica.

Otra herramienta importante son las operaciones en el mercado abierto, que consisten en la compra o venta de bonos del gobierno en el mercado financiero. Al comprar bonos, el banco central inyecta dinero en la economía, mientras que al vender bonos, retira dinero de la economía.

Los bancos centrales también pueden utilizar coeficientes de reservas obligatorias para influir en la cantidad de liquidez que los bancos comerciales deben mantener en reserva en relación a sus depósitos. Al aumentar estos coeficientes, los bancos centrales pueden reducir la cantidad de liquidez disponible para préstamos y, por lo tanto, desacelerar la actividad económica.

Por último, los bancos centrales también pueden utilizar políticas de comunicación para influir en las expectativas de los actores económicos. Por ejemplo, al anunciar objetivos de tasas de interés futuras o hacer declaraciones sobre su política futura, los bancos centrales pueden influir en el comportamiento de los agentes económicos y dirigir la actividad económica en la dirección deseada.

Es importante tener en cuenta que los bancos centrales deben tener en cuenta muchos factores al decidir su política monetaria, como la inflación, el crecimiento económico, la tasa de desempleo y las condiciones del mercado financiero. Por lo tanto, su política monetaria puede ser compleja y difícil de entender para los no especialistas.

Impacto de la política monetaria en los bancos

El impacto de la política monetaria en los bancos es un tema crucial para comprender el funcionamiento del sistema bancario en su conjunto. De hecho, los bancos están fuertemente influenciados por las decisiones de los bancos centrales en materia de política monetaria. En esta sección, examinaremos cómo la política monetaria afecta a los bancos y cómo estos pueden responder.

La política monetaria es una de las principales herramientas de las bancos centrales para regular la economía. Consiste en acciones para ajustar las tasas de interés y la cantidad de dinero en circulación para mantener la estabilidad económica. Los bancos centrales pueden aumentar o disminuir las tasas de interés según la situación de la economía, lo que puede tener un impacto significativo en los bancos.

Cuando las tasas de interés aumentan, los préstamos se vuelven más costosos para los bancos. Esto puede reducir su capacidad para prestar dinero, lo que puede provocar una disminución en sus ingresos y beneficios. Además, un aumento en las tasas de interés puede dificultar el pago de los préstamos existentes para los prestatarios, lo que puede resultar en un aumento de los incumplimientos de pago. Como resultado, los bancos pueden enfrentar mayores pérdidas relacionadas con los préstamos, lo que puede afectar su salud financiera.

Por el contrario, cuando las tasas de interés disminuyen, esto puede estimular el endeudamiento y el crecimiento económico. También puede aumentar los beneficios de los bancos, ya que pueden prestar dinero a tasas más bajas y obtener mayores rendimientos en inversiones en bonos. Sin embargo, una disminución de las tasas de interés también puede aumentar los riesgos para los bancos, ya que pueden verse tentados a prestar a prestatarios de alto riesgo para obtener rendimientos más altos.

Los bancos pueden responder al impacto de la política monetaria de varias formas. Pueden ajustar sus tasas de préstamo para reflejar los cambios en las tasas de interés del banco central. También pueden modificar su cartera de préstamos para reducir los riesgos asociados con las fluctuaciones en las tasas de interés. Además, pueden recurrir a otras fuentes de financiamiento, como los mercados de capital, para obtener fondos a tasas de interés competitivas.

Finalmente, los bancos pueden recurrir a productos derivados para protegerse contra las fluctuaciones en las tasas de interés. Los productos derivados son instrumentos financieros que permiten a los bancos transferir los riesgos asociados con las fluctuaciones en las tasas de interés a otras partes. Esto puede ayudar a reducir la exposición de los bancos a los riesgos de las tasas de interés y mantener su rentabilidad.

Relación entre la política monetaria y la estabilidad financiera

La política monetaria y la estabilidad financiera están estrechamente relacionadas. La política monetaria es el conjunto de medidas tomadas por los bancos centrales para influir en la cantidad de dinero en circulación y las tasas de interés en la economía. El objetivo principal de la política monetaria es mantener la estabilidad de precios, es decir, un bajo y estable nivel de inflación. Sin embargo, las acciones del banco central también pueden tener un impacto significativo en la estabilidad financiera.

La estabilidad financiera se refiere a la capacidad del sistema financiero para resistir los shocks económicos y prevenir las crisis financieras. La estabilidad financiera es fundamental para garantizar el buen funcionamiento de la economía y evitar las consecuencias desastrosas de las crisis financieras, como quiebras bancarias, recesiones económicas y desempleo masivo.

La política monetaria puede tener un impacto en la estabilidad financiera de diversas formas. En primer lugar, las decisiones de política monetaria pueden influir en la volatilidad de los precios de los activos financieros, como acciones, bonos y divisas. Los cambios en las tasas de interés también pueden afectar la solvencia de empresas y hogares, lo que puede tener implicaciones para la estabilidad financiera.

Además, la política monetaria también puede influir en el comportamiento de los actores del mercado financiero, como inversores, bancos e instituciones financieras. Por ejemplo, las tasas de interés bajas pueden alentar a los inversores a asumir riesgos excesivos invirtiendo en activos más arriesgados para obtener mayores rendimientos. Esto puede llevar a un aumento en la volatilidad del mercado financiero y aumentar el riesgo de una crisis financiera.

Además, la política monetaria también puede tener implicaciones para la regulación y supervisión del sistema financiero. Los reguladores deben vigilar de cerca el impacto de las medidas de política monetaria en la estabilidad financiera y tomar medidas para mitigar los riesgos.

Por último, la coordinación entre la política monetaria y la política macroprudencial es fundamental para mantener la estabilidad financiera. La política macroprudencial es el conjunto de medidas tomadas para mitigar los riesgos sistémicos en el sistema financiero. Esto incluye la regulación y supervisión de bancos, la gestión de riesgos de liquidez y la supervisión de la evolución de los precios de los activos. La coordinación entre la política monetaria y la política macroprudencial es fundamental para asegurar la estabilidad financiera.

Los bancos y los mercados financieros

Introducción a los mercados financieros y su función

Los mercados financieros son lugares donde se negocian valores financieros como acciones, bonos, derivados y divisas. Estos mercados desempeñan un papel crucial en la economía, ya que permiten a empresas, gobiernos y particulares financiar sus proyectos mediante la obtención de capital de inversionistas. También proporcionan a los inversionistas una forma de diversificar su cartera y obtener ganancias invirtiendo en valores con potencial de crecimiento.

A lo largo del tiempo, los mercados financieros han evolucionado para convertirse en sistemas complejos interconectados con la economía global. Están conformados por diversas instituciones financieras como bolsas de valores, corredores, bancos de inversión y fondos de pensiones. Estas instituciones facilitan las transacciones financieras entre los diferentes participantes del mercado.

El principal papel de los mercados financieros es facilitar la circulación de dinero y valores financieros. Permiten a las empresas obtener fondos emitiendo acciones u obligaciones, las cuales son posteriormente adquiridas por los inversionistas. Los gobiernos también pueden obtener financiamiento emitiendo bonos del Estado.

Los mercados financieros también sirven como medio para transferir riesgos. Los inversionistas pueden adquirir derivados para cubrirse de los riesgos del mercado, como las fluctuaciones en las tasas de interés o los precios de las materias primas. Los bancos de inversión también pueden adquirir derivados para transferir los riesgos de sus carteras a otros inversionistas.

Además, los mercados financieros desempeñan un papel importante en la determinación de los precios de los activos financieros. Los precios son determinados por la oferta y la demanda, y son influenciados por diversos factores como los datos económicos, los eventos políticos, los sucesos internacionales y los anuncios de las empresas. Los inversionistas pueden utilizar el análisis técnico y el análisis fundamental para evaluar los activos y tomar decisiones de inversión.

Instrumentos financieros y derivados

Los instrumentos financieros y los derivados son herramientas financieras complejas que han revolucionado el mundo de las finanzas en las últimas décadas. Los derivados son contratos financieros cuyo valor depende de un activo subyacente como acciones, divisas, materias primas o tasas de interés. Los instrumentos financieros son valores negociables de deuda, como acciones, bonos, certificados de inversión, opciones y warrants. Los bancos desempeñan un papel importante en los mercados de estos instrumentos financieros y derivados.

Los derivados ofrecen numerosas ventajas a los
inversionistas, como la posibilidad de protegerse contra
las fluctuaciones de precios, especular con las variaciones
en el valor de los activos subyacentes, diversificar su
cartera y maximizar sus rendimientos. Sin embargo, estos
instrumentos financieros también son muy riesgosos, ya
que pueden ocasionar pérdidas significativas e incluso crisis
financieras.

La crisis financiera de 2008 puso de relieve los riesgos
asociados con el uso excesivo de los derivados, en particular
los CDS (Credit Default Swaps), los cuales contribuyeron
a la quiebra de algunos grandes bancos. Desde entonces,
los reguladores han tomado medidas para limitar los
riesgos relacionados con estos instrumentos financieros,
fortaleciendo los requisitos de capital y estableciendo límites
en las posiciones de los bancos.

Por otro lado, los instrumentos financieros han sido
ampliamente utilizados por las empresas para obtener
fondos y financiarse a un costo menor. Las acciones son
instrumentos financieros que representan una participación
en la propiedad de una empresa y ofrecen derechos como
el derecho a voto y el derecho a recibir dividendos. Por otro
lado, los bonos son valores de deuda que representan una
obligación de pago para el inversionista. Los bancos pueden
emitir estos instrumentos financieros para financiar sus
actividades o venderlos a sus clientes.

Los bancos también desempeñan un papel importante en los
mercados de capitales, donde actúan como intermediarios,
creadores de mercado y suscriptores de emisiones de

acciones y bonos. Además, pueden invertir en fondos de inversión y compañías de capital privado para generar rendimientos para sus clientes.

Finalmente, el uso de tecnologías digitales e innovaciones como blockchain y contratos inteligentes tienen el potencial de transformar radicalmente los mercados de instrumentos financieros y derivados. Por lo tanto, los bancos deben seguir de cerca estos avances tecnológicos para mantener su competitividad y ofrecer servicios innovadores a sus clientes.

Interacción entre los bancos y los mercados financieros

La interacción entre los bancos y los mercados financieros es estrecha y compleja. Los bancos tienen estrechos vínculos con los mercados financieros, ya que desempeñan roles clave como intermediarios financieros, emisores de deuda y acciones, prestamistas e inversionistas. Los mercados financieros, por su parte, proporcionan liquidez y fuentes de financiamiento a los bancos.

Los bancos interactúan con los mercados financieros de varias formas. En primer lugar, pueden ser actores activos en los mercados financieros comprando y vendiendo valores financieros como acciones, bonos, divisas y derivados. En segundo lugar, los bancos emiten deuda en los mercados financieros vendiendo bonos, valores negociables de deuda y otros instrumentos de deuda. En tercer lugar, los bancos pueden otorgar préstamos a empresas o individuos utilizando los fondos que han obtenido en los mercados financieros.

Por otro lado, los mercados financieros también pueden afectar a los bancos de varias maneras. Las fluctuaciones de precios en los mercados financieros pueden tener efectos importantes en las carteras de valores de los bancos y en sus resultados financieros. Por ejemplo, los movimientos en las tasas de interés pueden afectar el valor de los activos y pasivos de los bancos, y por lo tanto su resultado neto. Los movimientos de divisas también pueden tener un impacto significativo en los resultados financieros de los bancos que operan en mercados internacionales.

Si bien los bancos y los mercados financieros pueden ser interdependientes, esto no significa que siempre estén en armonía. Las crisis financieras pueden surgir cuando los bancos y los mercados financieros enfrentan choques externos que los afectan simultáneamente. Por ejemplo, la crisis financiera global de 2008 fue desencadenada por la quiebra de grandes bancos de inversión y provocó una crisis de liquidez en los mercados financieros.

Los bancos de inversión y sus actividades

Los bancos de inversión son instituciones financieras que brindan servicios de asesoramiento en inversiones y servicios de suscripción de emisiones de valores para empresas, gobiernos e instituciones financieras. Estos servicios tienen como objetivo ayudar a los clientes a obtener capital en los mercados financieros, gestionar los riesgos financieros y adquirir o vender activos financieros.

Los bancos de inversión se diferencian de los bancos

comerciales por su enfoque en actividades de mercado en lugar de préstamos y depósitos. A menudo trabajan con clientes que tienen necesidades financieras más sofisticadas, como grandes empresas, fondos de cobertura e inversionistas institucionales.

Las actividades de los bancos de inversión incluyen el asesoramiento en inversiones, la gestión de activos, la negociación de valores, la suscripción de emisiones de valores y la creación de productos financieros estructurados. El asesoramiento en inversiones implica brindar recomendaciones a los clientes sobre cómo gestionar su cartera y tomar decisiones de inversión. La gestión de activos implica administrar carteras de inversión para clientes, como fondos de pensiones o inversionistas institucionales.

La negociación de valores implica la compra y venta de valores en los mercados financieros para generar ganancias para el banco de inversión. La suscripción de emisiones de valores consiste en ayudar a los clientes a emitir nuevos valores en los mercados financieros encontrando compradores para esos valores. La creación de productos financieros estructurados implica el diseño y la venta de productos financieros complejos, como derivados de crédito, que pueden utilizarse para protegerse contra riesgos financieros.

Los bancos de inversión también han estado involucrados en actividades controvertidas como la titulización de hipotecas, que contribuyó a la crisis financiera de 2008. Desde esa crisis, los reguladores han impuesto restricciones más estrictas a las actividades de los bancos de inversión.

Las innovaciones tecnológicas y su impacto en el sector bancario

El auge de las fintech

En los últimos años, las fintech han tomado un lugar importante en la industria financiera. Las fintech son startups tecnológicas que utilizan la tecnología para ofrecer servicios financieros innovadores a los consumidores. Estas empresas han perturbado el mercado financiero tradicional al ofrecer servicios más rápidos, eficientes y accesibles que los bancos tradicionales.

Las fintech han creado aplicaciones móviles amigables para permitir a los usuarios gestionar su dinero en tiempo real, realizar transferencias bancarias instantáneas, invertir en bolsa y gestionar su cartera de forma segura. Además, las fintech han desarrollado tecnologías avanzadas como la inteligencia artificial y la cadena de bloques (blockchain) para ofrecer servicios de préstamos, seguros y pagos más rápidos y accesibles.

Estas innovaciones no solo han cambiado la forma en que se ofrecen los servicios financieros, sino que también han generado competencia para los bancos tradicionales. Las fintech han logrado atraer clientes gracias a su oferta de servicios más innovadores y personalizados, así como a tarifas frecuentemente más bajas que las de los bancos tradicionales. Ahora, los consumidores pueden acceder a servicios financieros sin tener que ir a una sucursal bancaria física.

Sin embargo, las fintech no están exentas de riesgos.
Los consumidores deben ser conscientes de los riesgos
asociados con el uso de estos servicios, como la seguridad
de los datos, el fraude y el riesgo de pérdida de dinero. Los
reguladores financieros también han tomado medidas para
supervisar las actividades de las fintech con el fin de proteger
a los consumidores y garantizar la estabilidad financiera.

A pesar de los riesgos, las fintech continúan ganando
popularidad y se han convertido en un motor de innovación
en la industria financiera. Los bancos tradicionales ahora
están obligados a innovar para mantenerse competitivos
y satisfacer las necesidades de sus clientes. Además, las
fintech han creado nuevos modelos económicos que han
dado lugar a asociaciones entre los bancos tradicionales y
las fintech para ofrecer servicios financieros más innovadores
y eficientes.

La digitalización de los servicios bancarios

La digitalización de los servicios bancarios es uno de los
principales cambios que está experimentando actualmente la
industria bancaria. Los avances tecnológicos han permitido
la aparición de nuevas soluciones de pago, nuevas ofertas
de servicios financieros, nuevos canales de comunicación
y nuevas formas de gestión patrimonial. Esta digitalización
se ha extendido a todas las actividades bancarias, desde la
apertura de cuentas hasta la gestión de riesgos.

La digitalización de los servicios bancarios ha facilitado el
acceso a servicios financieros para los clientes, haciéndolos

más fáciles, rápidos y seguros. Los bancos tradicionales han comenzado a ofrecer aplicaciones móviles para facilitar la gestión de cuentas, los pagos en línea y la consulta del historial de transacciones. Estas aplicaciones han simplificado los procesos de suscripción y ofrecen ofertas de servicios más adaptadas a las necesidades de los clientes.

Las fintech también han surgido como una alternativa a los bancos tradicionales, ofreciendo servicios bancarios exclusivamente en línea. Estos neobancos han logrado atraer a muchos clientes gracias a ofertas competitivas y servicios innovadores. Los neobancos ofrecen servicios personalizados, ofertas de crédito más atractivas y funcionalidades de gestión de presupuesto muy avanzadas.

La digitalización de los servicios bancarios también ha permitido el surgimiento de nuevas soluciones de pago, como los pagos móviles y la moneda electrónica. Estas nuevas soluciones han simplificado los procesos de pago, reducido los costos de transacción y aumentado la seguridad de las transacciones. Los pagos móviles se han vuelto populares entre los consumidores, que aprecian su simplicidad y practicidad.

La digitalización de los servicios bancarios también ha mejorado la gestión de riesgos. Ahora, los bancos utilizan herramientas sofisticadas para evaluar los riesgos crediticios y de mercado, así como para detectar actividades sospechosas. Además, han invertido en ciberseguridad para proteger los datos personales de sus clientes y prevenir fraudes.

Por último, la digitalización de los servicios bancarios ha ampliado el acceso a servicios financieros, especialmente en países en desarrollo. Las fintech han lanzado iniciativas de microfinanzas para apoyar a pequeñas empresas y a poblaciones excluidas del sistema bancario tradicional. Los bancos en línea y los neobancos también han reducido los costos de transacción y han ofrecido servicios financieros accesibles para todos.

Las criptomonedas y la cadena de bloques

Las criptomonedas y la cadena de bloques son temas cada vez más presentes en el mundo de las finanzas y los bancos. Las criptomonedas son monedas digitales que generalmente son descentralizadas y no están reguladas por un banco central o entidad gubernamental. La cadena de bloques, por su parte, es una tecnología de almacenamiento y transmisión de información que funciona como un gran libro de contabilidad público y descentralizado.

Aunque estas tecnologías son aún relativamente nuevas, tienen el potencial de revolucionar el sector bancario al ofrecer una alternativa a los métodos tradicionales de gestión del dinero. Las criptomonedas pueden ofrecer mayor seguridad y transparencia, así como una reducción de los costos para transferencias de dinero y transacciones internacionales. La cadena de bloques también puede ofrecer mayor seguridad y transparencia para las transacciones, reduciendo los riesgos de fraude y piratería.

Sin embargo, las criptomonedas y la cadena de bloques

también están asociadas con riesgos significativos. Las criptomonedas aún son relativamente volátiles, con fluctuaciones de precios importantes e impredecibles. La naturaleza descentralizada de las criptomonedas también puede hacer difícil recuperar fondos perdidos o robados. Además, la cadena de bloques es vulnerable a ataques informáticos, aunque se considera más segura que los métodos de almacenamiento de datos tradicionales.

Los bancos están comenzando a integrar las criptomonedas y la cadena de bloques en sus ofertas de servicios. Algunos bancos han comenzado a ofrecer cuentas para inversionistas en criptomonedas, así como opciones de pago basadas en la cadena de bloques. También algunos bancos utilizan la tecnología de cadena de bloques para la gestión de operaciones internas.

Inteligencia artificial y robotización

La inteligencia artificial (IA) y la robotización son dos temas que han ganado un lugar destacado en el sector bancario en los últimos años. Los avances tecnológicos han permitido a los bancos mejorar su eficiencia y rentabilidad al automatizar algunas tareas repetitivas.

La IA es una tecnología que permite a las máquinas aprender y mejorar con base en los datos que procesan. En el sector bancario, la IA se utiliza para automatizar tareas como la verificación de los antecedentes de los clientes, la evaluación del riesgo crediticio y la detección de fraudes. También se puede utilizar para ayudar a los clientes a tomar decisiones financieras proporcionando asesoramiento personalizado según su perfil y objetivos.

Por su parte, la robotización permite automatizar tareas más físicas como la gestión de tesorería y la manipulación de documentos. También permite mejorar la rapidez y eficiencia de los procesos bancarios.

Estos avances tecnológicos tienen implicaciones tanto para los empleados de los bancos como para los clientes. Por un lado, pueden permitir a los bancos comprender mejor las necesidades de sus clientes y ofrecerles productos y servicios más adaptados. Por otro lado, también pueden implicar una reducción de costos, lo que puede traducirse en tarifas bancarias más bajas para los clientes.

Sin embargo, el uso de IA y robotización también plantea cuestiones éticas y de seguridad. Los datos de los clientes deben ser protegidos y los algoritmos utilizados para tomar decisiones deben ser transparentes y justos.

Los desafíos de la ciberseguridad

La ciberseguridad es un desafío importante para los bancos modernos, que deben proteger los datos de sus clientes, las transacciones financieras y sus propios sistemas informáticos. Los bancos son un objetivo principal para los hackers y los ciberdelincuentes, que buscan explotar las vulnerabilidades de seguridad para acceder a información confidencial, robar dinero o interrumpir las operaciones bancarias.

Para enfrentar estas amenazas, los bancos deben
implementar medidas de seguridad efectivas, utilizando
tecnologías de vanguardia para detectar y prevenir ataques,
así como capacitando a su personal en la gestión de riesgos
informáticos. La ciberseguridad es una preocupación
constante para los bancos, que deben permanecer vigilantes
ante la evolución de las amenazas y las tecnologías.

Los bancos también deben cumplir con normas y
regulaciones en materia de ciberseguridad, ajustándose
a las directrices de organismos reguladores nacionales e
internacionales. Deben implementar planes de continuidad
del negocio para garantizar la disponibilidad de los
servicios bancarios en caso de incidentes de seguridad y
ser transparentes con sus clientes sobre las medidas de
seguridad implementadas para proteger sus datos.

Los desafíos de la ciberseguridad para los bancos son
múltiples, desde la protección de la privacidad de los clientes
hasta la preservación de la estabilidad financiera. Los
bancos deben ser capaces de detectar y prevenir ataques
informáticos, al tiempo que garantizan la disponibilidad de
los servicios bancarios y la protección de los datos de los
clientes. Para lograr esto, deben invertir en tecnologías de
vanguardia y capacitar a su personal en la gestión de riesgos
informáticos.

En resumen, la ciberseguridad es un desafío crucial para
los bancos modernos, que deben enfrentar una amenaza
constante y en constante evolución. Los bancos deben
ser capaces de proteger sus sistemas informáticos, las
transacciones financieras y los datos de sus clientes, al

tiempo que cumplen con normas y regulaciones en cuanto a seguridad.

La banca y la economía internacional

Los bancos en el comercio internacional

Los bancos desempeñan un papel crucial en el comercio internacional al proporcionar servicios financieros esenciales a las empresas y gobiernos. Los bancos a menudo se involucran en el financiamiento del comercio internacional mediante la oferta de productos como cartas de crédito, garantías y créditos documentarios. También están frecuentemente involucrados en el proceso de liquidación de pagos internacionales, facilitando las transferencias de fondos entre las partes involucradas en las transacciones comerciales internacionales.

Además, los bancos pueden ayudar a las empresas a gestionar el riesgo cambiario mediante la oferta de productos financieros como contratos de futuros y opciones. Estos productos permiten a las empresas protegerse contra las fluctuaciones en las tasas de cambio y gestionar su exposición a los riesgos cambiarios.

Los bancos también desempeñan un papel importante en el financiamiento de infraestructuras y proyectos en el extranjero. Por ejemplo, los bancos de desarrollo pueden proporcionar financiamiento para proyectos de infraestructura y desarrollo en países en desarrollo. Los bancos comerciales también pueden estar involucrados en el financiamiento de proyectos en el extranjero mediante la oferta de préstamos a largo plazo y financiamiento estructurado.

Asimismo, los bancos se involucran en el financiamiento del comercio internacional de materias primas como petróleo y metales. Pueden ayudar a las empresas a financiar la compra de materias primas mediante la oferta de financiamiento estructurado y actuando como corredores en contratos a futuro sobre materias primas.

Sin embargo, los bancos también están expuestos a riesgos en el comercio internacional, como el riesgo crediticio y el riesgo cambiario. Por lo tanto, deben ser capaces de manejar estos riesgos de manera eficiente y prudente.

El papel de los bancos en las crisis financieras

El papel de los bancos en las crisis financieras es un tema crucial para entender cómo pueden influir y contribuir a las inestabilidades económicas. Las crisis financieras han sido eventos significativos en la historia económica reciente, y los bancos a menudo han sido señalados como una de las principales causas de estas crisis.

Durante las crisis financieras, los bancos tienden a estar involucrados de diversas maneras. Una de las principales causas es la concesión excesiva de créditos. Con frecuencia, los bancos otorgaron préstamos a prestatarios que no podían pagarlos, creando así burbujas crediticias y una deuda excesiva. Los bancos también estuvieron involucrados en actividades especulativas en los mercados financieros, a menudo utilizando productos financieros complejos como derivados. Además, han participado en prácticas de gestión de riesgos inapropiadas y poco transparentes, creando así riesgos sistémicos significativos para la economía.

Cuando estas burbujas crediticias estallan y los riesgos se materializan, los bancos pueden encontrarse en dificultades. Si los prestatarios no pueden pagar sus deudas, los bancos pueden sufrir pérdidas importantes, lo que puede llevar a quiebras bancarias y crisis financieras. Estas crisis también pueden propagarse a todo el sistema financiero, creando una crisis económica más amplia.

En este contexto, los bancos centrales y los reguladores financieros desempeñan un papel crucial para mitigar los riesgos y los efectos de las crisis financieras. Los bancos centrales pueden actuar como prestamistas de última instancia para los bancos en dificultades, proporcionando liquidez para evitar quiebras bancarias. Los reguladores financieros también pueden tener un papel importante al limitar las prácticas arriesgadas de los bancos y exigir reservas adecuadas para hacer frente a los riesgos.

Sin embargo, es importante destacar que los bancos no son los únicos responsables de las crisis financieras. Otros actores, como los gobiernos, los reguladores financieros y los inversionistas, también tienen un papel que desempeñar en la prevención y mitigación de los efectos de las crisis financieras.

La política monetaria y los bancos centrales

La política monetaria es un conjunto de medidas implementadas por los bancos centrales para influir en la cantidad de dinero en circulación y regular la economía. Los bancos centrales desempeñan un papel crucial en la estabilidad financiera y económica de un país.

Una de las principales funciones de los bancos centrales es controlar la oferta de dinero en circulación. Para ello, utilizan varias herramientas, como la fijación de las tasas de interés, la compra y venta de valores del Estado en los mercados, y la regulación de las reservas obligatorias de los bancos comerciales. El objetivo es influir en el comportamiento de los agentes económicos (hogares, empresas, bancos) para favorecer el crecimiento económico y al mismo tiempo limitar la inflación.

El impacto de la política monetaria en los bancos es considerable. De hecho, los bancos comerciales son los principales beneficiarios de las medidas implementadas por los bancos centrales. Por ejemplo, cuando el banco central reduce sus tasas de interés, esto hace que el crédito sea más barato, estimulando la demanda de crédito y potencialmente aumentando los depósitos bancarios. Esto puede permitir a los bancos obtener mayores beneficios.

Sin embargo, los bancos también pueden verse afectados negativamente por las medidas de política monetaria. Por ejemplo, un aumento en las tasas de interés puede hacer que los préstamos sean más costosos, desalentando a los prestatarios y reduciendo los depósitos bancarios. Esto puede conducir a una disminución en los beneficios de los bancos y afectar su capacidad para otorgar préstamos.

Los bancos centrales también desempeñan un papel importante en la estabilidad financiera. Son responsables de la supervisión y regulación de los bancos comerciales, así como de la gestión de crisis bancarias. Los bancos centrales implementan políticas de garantía de depósitos y resolución de crisis para evitar crisis bancarias y preservar la confianza de los depositantes.

La política monetaria y los bancos centrales también desempeñan un papel clave en el comercio internacional. Las fluctuaciones en las tasas de cambio pueden tener efectos significativos en la economía y el comercio de un país. Los bancos centrales pueden intervenir en los mercados de divisas para estabilizar las tasas de cambio y evitar cambios bruscos.

Los desafíos éticos y medioambientales

La banca responsable y la inversión socialmente responsable (ISR)

La banca responsable y la inversión socialmente responsable (ISR) son conceptos relativamente nuevos en el mundo bancario, pero cada vez más importantes para los consumidores e inversores preocupados por el impacto social y medioambiental de sus decisiones financieras.

La inversión socialmente responsable (ISR) es un enfoque de inversión que busca invertir en empresas que cumplan con criterios sociales, medioambientales y de gobernanza (ESG). Este enfoque permite tener en cuenta el impacto de las empresas en la sociedad y el medio ambiente en la selección de las inversiones.

Los bancos tienen un papel clave en la inversión socialmente responsable, al ofrecer productos y servicios financieros que tengan en cuenta los criterios ESG. Los bancos también pueden desempeñar un papel de concienciación entre sus clientes, informándoles sobre los beneficios de la inversión socialmente responsable.

La banca responsable es un enfoque más amplio que tiene en cuenta el impacto de las instituciones financieras en la sociedad y el medio ambiente. Los bancos pueden integrar criterios ESG en sus propias operaciones y estrategias de inversión para tener un impacto positivo en la sociedad y el medio ambiente.

Por ejemplo, los bancos pueden financiar proyectos que tengan un impacto positivo en el medio ambiente, como energías renovables o la protección de la biodiversidad. También pueden comprometerse a reducir su propia huella de carbono utilizando energías renovables en sus operaciones y reduciendo su consumo de energía.

La banca responsable y la inversión socialmente responsable no solo son enfoques éticos, sino que también pueden ser rentables. Las empresas que cumplen con los criterios ESG pueden ser más resilientes y tener un mejor rendimiento a largo plazo, ya que están mejor equipadas para hacer frente a los riesgos medioambientales y sociales.

Los bancos y la lucha contra el cambio climático

Los bancos desempeñan un papel importante en la lucha contra el cambio climático. De hecho, al financiar proyectos respetuosos con el medio ambiente, pueden contribuir a reducir las emisiones de gases de efecto invernadero y a fomentar la transición hacia una economía más verde.

Sin embargo, los bancos han sido criticados durante mucho tiempo por su falta de compromiso con el medio ambiente. Hoy en día, cada vez más bancos son conscientes de la urgencia de la situación y se comprometen a financiar proyectos sostenibles y responsables.

Estas iniciativas pueden adoptar diferentes formas, como el establecimiento de políticas de préstamos que favorezcan los proyectos verdes, la inversión en fondos sostenibles o la implementación de productos financieros específicos para financiar la transición energética.

Sin embargo, es importante tener en cuenta que la lucha contra el cambio climático no debe considerarse simplemente como una oportunidad comercial para los bancos. Es un desafío crucial para el planeta y las generaciones futuras.

Por lo tanto, es fundamental que los bancos se comprometan a cumplir con normas medioambientales estrictas y adopten prácticas sostenibles en su actividad diaria. Esto puede incluir iniciativas como la reducción de las emisiones de gases de efecto invernadero de sus propias operaciones, la implementación de políticas de reciclaje o el uso de energías renovables.

Por último, es importante destacar que la lucha contra el cambio climático solo puede llevarse a cabo de manera colectiva. Los bancos tienen un papel que desempeñar, pero también es crucial que los gobiernos, las empresas y los ciudadanos se comprometan a reducir su huella de carbono y apoyar la transición hacia una economía más verde.

La microfinanza y la inclusión financiera

La microfinanza es una herramienta esencial para promover
la inclusión financiera en los países en desarrollo. Consiste
en proporcionar servicios financieros a personas que no
tienen acceso a los servicios bancarios tradicionales,
como préstamos, ahorros y transferencias de dinero. Los
beneficiarios de la microfinanza suelen ser microempresarios,
pequeños agricultores y trabajadores autónomos que buscan
desarrollar su actividad económica o invertir en su educación
o en la de sus hijos.

La microfinanza está frecuentemente asociada con las
instituciones de microfinanzas (IMF), que son organizaciones
que proporcionan estos servicios financieros. Las IMF fueron
creadas para combatir la pobreza y ayudar a las personas
más desfavorecidas a lograr autonomía económica. Estas
instituciones surgieron en la década de 1970 en América
Latina y Asia y han experimentado un rápido crecimiento en
las últimas décadas.

Las IMF tienen un impacto significativo en la vida de las
poblaciones vulnerables en los países en desarrollo. Los
préstamos que ofrecen permiten a los emprendedores
comenzar o expandir sus negocios, comprar equipos o
almacenar productos. Los ahorros ofrecidos por las IMF
permiten a las personas reservar dinero para tiempos
difíciles e invertir en su futuro. Las transferencias de dinero
permiten a los trabajadores migrantes apoyar a sus familias
que se han quedado en el país.

La microfinanza también tiene un impacto positivo en la

sociedad en general. Contribuye a reducir la pobreza, crear empleo y estimular la economía local. También fortalece la confianza de la población en las instituciones financieras y facilita el acceso a otros servicios financieros como seguros y créditos para grandes empresas.

Sin embargo, la microfinanza no está exenta de riesgos. Las IMF deben enfrentar desafíos como la recuperación de los préstamos, la gestión de riesgos, el financiamiento de su propio crecimiento y la regulación. También deben ser transparentes y responsables para garantizar la confianza de los inversores y beneficiarios.

A pesar de estos desafíos, la microfinanza sigue creciendo y tiene un impacto positivo en las poblaciones vulnerables en los países en desarrollo. Se ha convertido en una herramienta esencial para promover la inclusión financiera y permitir que aquellos que lo necesiten alcancen su potencial económico.

Perspectivas de futuro para el sector bancario

Desafíos y oportunidades para los bancos tradicionales

Los bancos tradicionales se enfrentan a numerosos desafíos y oportunidades en un entorno económico y tecnológico en constante evolución. Los desafíos para los bancos tradicionales incluyen la creciente competencia de los neobancos y las fintech, la evolución de las regulaciones, las presiones sobre los márgenes y la necesidad de seguir innovando para satisfacer las necesidades de los clientes.

La creciente competencia de los neobancos y las fintech es uno de los principales desafíos para los bancos tradicionales. Los neobancos y las fintech tienen costos operativos más bajos y suelen ser más ágiles a la hora de responder a las necesidades de los clientes. También ofrecen productos y servicios innovadores que atraen a los clientes que buscan una experiencia bancaria más personalizada y digital.

Otro desafío para los bancos tradicionales es la evolución de las regulaciones. Las regulaciones se están volviendo cada vez más estrictas, lo que dificulta que los bancos tradicionales mantengan su rentabilidad mientras cumplen con los estándares de cumplimiento. Los bancos deben ser capaces de cumplir con las nuevas regulaciones, al tiempo que aseguran que su cumplimiento no les impida innovar y ofrecer productos y servicios competitivos.

Las presiones sobre los márgenes también son un desafío para los bancos tradicionales. Los márgenes de los bancos tradicionales están bajo presión debido a la caída de las tasas de interés, la creciente competencia y los altos costos de cumplimiento. Los bancos deben ser capaces de gestionar sus costos a la vez que mantienen márgenes saludables.

Sin embargo, los bancos tradicionales también tienen oportunidades que aprovechar. Una de estas oportunidades es la capacidad de ofrecer productos y servicios complementarios a los clientes. Los bancos tradicionales tienen una relación establecida con sus clientes y pueden utilizar esta relación para ofrecer servicios como gestión patrimonial, préstamos hipotecarios y seguros. Esto permite a los bancos diversificar sus fuentes de ingresos y mantener márgenes saludables.

Los bancos tradicionales también tienen la oportunidad de adaptarse a la evolución de las tecnologías. Los bancos pueden utilizar inteligencia artificial, blockchain y otras tecnologías para mejorar su eficiencia operativa, ofrecer servicios más personalizados y mejorar la experiencia del cliente. Los bancos tradicionales también pueden aprovechar los datos de los clientes para mejorar sus servicios y productos.

El futuro de los bancos frente a las evoluciones tecnológicas

El futuro de los bancos está estrechamente relacionado con la rápida evolución de la tecnología. Las tecnologías financieras (fintech) y los gigantes tecnológicos como Google, Apple, Facebook, Amazon (GAFA) están revolucionando el sector bancario tradicional. Los bancos se enfrentan a una creciente competencia y deben adaptarse rápidamente a las evoluciones tecnológicas para seguir siendo competitivos. En esta sección, examinaremos las principales tendencias y desafíos a los que los bancos se enfrentarán en los próximos años.

En primer lugar, la digitalización está transformando radicalmente la forma en que los bancos interactúan con sus clientes. Los servicios bancarios en línea y móviles son cada vez más populares, lo que permite a los clientes gestionar sus cuentas y realizar transacciones desde cualquier lugar y en cualquier momento. Los bancos deben invertir en plataformas digitales robustas y fáciles de usar para satisfacer las necesidades de sus clientes.

Además, los bancos deben prepararse para la llegada de nuevas tecnologías disruptivas como el blockchain y las criptomonedas. El blockchain, una tecnología de registro distribuido que permite transacciones descentralizadas y transparentes, tiene el potencial de reducir significativamente los costos y los tiempos de procesamiento de las transacciones. Los bancos deben explorar las oportunidades que ofrecen el blockchain y las criptomonedas al tiempo que gestionan los riesgos asociados con estas tecnologías emergentes.

Los bancos también deben invertir en inteligencia artificial (IA) y aprendizaje automático para mejorar sus capacidades de procesamiento de datos. Los algoritmos de IA pueden ayudar a los bancos a detectar fraudes, evaluar riesgos crediticios y personalizar ofertas de productos y servicios para sus clientes. Sin embargo, los bancos también deben ser conscientes de los riesgos asociados con el uso de la IA, como la discriminación algorítmica y el sesgo.

Por último, los bancos deben centrarse en la ciberseguridad para proteger los datos de sus clientes y evitar violaciones de datos. Los ataques informáticos son cada vez más sofisticados y los bancos deben invertir en tecnologías de vanguardia para proteger sus sistemas y datos.

Las nuevas tendencias y modelos de negocio emergentes

Las nuevas tendencias y modelos de negocio emergentes en el sector bancario están en constante evolución y están impactando la forma en que los bancos interactúan con sus clientes y gestionan sus operaciones. Los avances tecnológicos son el núcleo de estos cambios, lo que permite a los bancos ofrecer servicios más eficientes y personalizados. Aquí hay algunas tendencias clave a tener en cuenta:

Banca en línea: Los bancos en línea han revolucionado el sector bancario al ofrecer una alternativa conveniente a los bancos tradicionales. Al ofrecer servicios completamente en línea, estos bancos han eliminado las restricciones geográficas y han permitido a los clientes gestionar sus cuentas y realizar transacciones desde cualquier lugar del mundo.

Inteligencia artificial y automatización: Los bancos
están utilizando cada vez más inteligencia artificial para
automatizar los procesos de procesamiento de datos y
analizar los datos de los clientes para proporcionar productos
y servicios más personalizados. Los chatbots y otros
asistentes virtuales también se utilizan para responder a las
demandas de los clientes en tiempo real.

Blockchain: La tecnología blockchain permite a los bancos
transferir fondos de manera segura sin necesidad de recurrir
a terceros de confianza como los bancos centrales. De esta
manera, los bancos pueden reducir los costos de transacción
y acelerar los tiempos de procesamiento.

Pagos móviles: Los pagos móviles se están convirtiendo en
la norma en muchos países. Los bancos ofrecen aplicaciones
móviles que permiten a los clientes realizar transacciones de
manera segura desde sus teléfonos inteligentes.

Neobancos: Las startups que ofrecen servicios bancarios
innovadores, como cuentas corrientes gratuitas y tarjetas
de crédito personalizadas, están revolucionando el sector
bancario tradicional al ofrecer soluciones más flexibles y
menos costosas.

Asociaciones bancos/fintech: Los bancos están colaborando
cada vez más con empresas de fintech para ofrecer
servicios innovadores a sus clientes. Las fintech aportan
conocimientos tecnológicos que los bancos pueden utilizar
para mejorar sus servicios, mientras que los bancos ofrecen
una base de clientes y conocimientos financieros.

Ofertas de inversión automatizadas: Los bancos ofrecen cada vez más ofertas de inversión automatizadas, llamadas «robo-advisors». Estos servicios utilizan algoritmos para analizar los datos de los clientes y ofrecer inversiones personalizadas.

Agradecimiento

Estimados lectores:

En primer lugar, me gustaría agradecerles por tomarse el tiempo de leer este libro. Espero que les haya permitido descubrir y comprender mejor el fascinante mundo de los bancos.

También me gustaría agradecer a todos los profesionales de la banca y las finanzas que contribuyeron a la redacción de este libro al compartir su experiencia y conocimientos. Su conocimiento y pasión por el tema han sido una fuente de inspiración y enriquecimiento para este libro.

Estoy convencido de que comprender los mecanismos bancarios y financieros es esencial para entender el funcionamiento de la economía global y tomar decisiones informadas en nuestra vida diaria.

Por último, me gustaría expresar mi gratitud hacia todas las fuentes que se han consultado y que han servido de referencia para la redacción de este libro. Estas fuentes han permitido respaldar los argumentos presentados y garantizar la calidad y confiabilidad de la información presentada.

En resumen, espero que hayan disfrutado la lectura de este libro tanto como yo disfruté escribiéndolo. Les deseo una continua excelencia y los invito a seguir informándose sobre el mundo de la banca y las finanzas, un campo en constante evolución.

Sinceramente,